Sous la direction de
Philippe Béague

Soif d'autre chose...

Revenir à l'humain

Couleur livres

Nous tenons à remercier chaleureusement :

- *Madame Catherine Lecloux pour son précieux soutien logistique tout au long de l'élaboration de ce livre.*
- *Madame Marie Detaille pour son enthousiasme communicatif, son optimisme lucide et les interviews de Jean Florence, de Martin Gray et d'Eric Janssens.*

Les différentes maisons d'édition qui nous ont autorisées à publier des extraits de textes :

- *Les Editions NRF et particulièrement Monsieur Marcel Gauchet pour le texte de Madame Françoise Parrot.*
- *Les Editions Arléa, Le Seuil et Fayard pour les textes de Monsieur Edgar Morin.*
- *Les Editions Calman Lévy, Bayard et Stock pour les textes de Monsieur Albert Jacquard.*

- *Le Centre Culturel de Mons, la télévision locale de Mons (Télé MB) et l'Abbaye de Scourmont pour l'édition du D.V.D. "Les enfants de l'année blanche".*
- *La Ligue des Optimistes et particulièrement Monsieur Luc Simonet pour le texte de Monsieur Mathieu Ricard.*
- *Son Altesse Royale, La Princesse Mathilde de Belgique, pour la confiance dont elle honore l'Association Françoise Dolto, placée sous son Haut Patronage.*

Et bien sûr, tous les auteurs qui ont contribué à ce livre et qui ont pris le temps de s'arrêter pour transmettre leur regard sur ce monde, leurs doutes, leur espoir...

Philippe BEAGUE.

Editions [Couleur livres] asbl

4, Rue Lebeau – 6000 Charleroi

ISBN : 978-2-87003-507-8

D/2009/0029/02

Préface

L'optimisme : le propre de l'Humain !

Albert JACQUARD, bio-généticien.

Ce qui nous différencie des autres espèces qui peuplent cette terre, c'est d'abord que nous avons la capacité d'imaginer notre futur et donc de mettre le présent à son service. Ensuite que nous ne sommes pas seuls pour créer le monde de demain. Notre immense capacité à communiquer avec les autres nous donne les moyens d'inventer chaque jour de nouvelles ressources. Ensemble, reliés par le sens, nous pouvons changer la société et l'orientation de l'humanité.

Certes, comme je le dis dans mon dernier livre [1], face à la folie du monde, nous avons toutes les raisons d'être pessimistes, mais cela ne servirait à rien. Accepter que toutes nos habitudes n'auraient comme objectif que la rentabilité et l'avidité, c'est accepter que nous n'y pouvons rien changer, que seul le pessimisme aurait droit de cité !

Or, il faut rester lucide sur ce que je, avec les autres, je peux changer.

Je crois à l'optimisme volontariste et comme tous les auteurs de ce livre et les intervenants admirables de ce DVD, que l'optimisme est le propre de l'Humain. Ils sont mes "collègues en humanité" et disent chacun à leur manière qu'il est temps de soigner notre planète avec amour !

Et qu'ensemble, on peut initier une révolution basée sur l'enthousiasme...

1 *Le Compte à rebours a commencé*, Editions Stock, 2008.

Il m'aurait dit :"Ta soif me plaît !
Voici ma gourde d'eau mentale".
Alors, j'eusse bu les couplets
d'une chanson fondamentale...
Une chanson calmant la soif
de nos soifs enfin inondées.
Oui, qu'une pluie enfin nous coiffe
d'une chevelure d'idées.

Claude Nougaro, "Le chant du désert".

Moi, si j'étais l'Bon Dieu
J'crois qu'j'aurais des remords
Et puis si j'étais l'Bon Dieu
Je crois qu'je s'rais pas fier.

Jacques BREL, "Fernand".

Toi, Tu n'es pas le Bon Dieu
Tu es Beaucoup mieux
Tu es un Homme.

Jacques BREL, "Le Bon Dieu".

"Ces femmes qui nous ont mis au monde et qui nous regardent le détruire, qui nous donnent la vie, et qui, ensuite, ont tant de fois l'occasion de le regretter".

Philippe CLAUDEL, "Le rapport de Brodeck", Editions Stock, 2007, p.338.

Obligation nous est faite de tisser la trame d'un monde nouveau, où une fois pour toute l'on replace l'économie et la finance au service de l'homme.

Nicolas Hulot, Marianne n° 604, du 15 au 20 novembre 2008.

Avant-propos

Un monde convaincant

Thomas LEMAIGRE, directeur de l'Agence Alter.[1]

Le sentiment de dégoût du monde est parfois fort ces temps-ci. À première vue, il n'est rien d'autre qu'une vieille affaire. Demandez aux pendus de La Ballade de Villon (XVème siècle). La substance et l'humeur en sont les mêmes. Mais parfois on s'aperçoit que ce dégoût s'est renouvelé et a retrouvé une autre acuité.

Regardez aujourd'hui... Le *must*, quand on s'est cassé la figure avec les *subprimes* en spéculant sur le logement de la classe moyenne américaine, c'est d'en arriver, en "investissant" gentiment, à affamer des populations entières en Afrique ou en Asie.

Aujourd'hui, l'idée d'équilibre général, qu'on utilise partout depuis Adam Smith pour comprendre l'économie et réguler son avenir, fait bien rire toute personne dotée d'un poil de bon sens.

Aujourd'hui, le navire amiral de l'État ne semble plus piloté et, avec le "*No*" irlandais, l'idéal européen vient de prendre sa plus belle gifle.

Aujourd'hui, le top de l'anticonformisme consiste à dénoncer l'absence de sens, à interrompre sa carrière pour ouvrir des chambres d'hôtes ou à claquer cinq cents euros d'achats en ligne – et pourquoi pas les trois le même jour ?

Sentiment d'une micro-élite bobo autocentrée, une bande de riches pas super-riches qui cachent mal leur peur de l'avenir et rationalisent leur sentiment d'impuissance ? Un peu à l'image de cette nouvelle icône post-moderne, le magnifique Antoni Casas Ros, chômeur bisexuel mythomane égopathe nomade : "Finalement, écrit-il, je ne

1 www.alter.be

sais pas si j'aime assez le monde pour m'y intégrer. J'ai pris ma place au prix d'un effort surhumain, mais une place qui fait l'économie des êtres. (...) Et si je restais sur ma terrasse ? Pas de travail, pas de promenade nocturne. Pas d'amour. L'idée me séduit, l'arrêt définitif de toute collaboration avec le monde." (*Le Théorème d'Almodovar*, Gallimard, 2008). Symptôme d'un malaise décadent, insignifiant au regard du puissant courant de l'Histoire ?

Non. Aujourd'hui, le dégoût du monde trouve ses raisons dans la réalité même où nous vivons, pas seulement dans la tête des gens. On n'est plus complètement face à cette exaltation narcissique qui couve sous les états d'âmes des romantiques ou des post punks. On est face à un phénomène plus puissant et plus étendu. Un phénomène qui va peut-être jusqu'à éradiquer dans les individus leur potentiel d'engagement, de participation à l'action collective. Qui leur fait perdre l'impression de participer à un mouvement qui nous dépasse et nous prolonge. Un phénomène qui tuerait l'envie d'avenir.

On est souvent surpris du point auquel cette veine particulière du malaise existentiel se retrouve un peu partout dans la société, dans tous les milieux, sous toutes sortes de formes. Tout le monde a aujourd'hui une partie de son cerveau qui tourne dans ce registre du dégoût du monde. Comme cette jeune dame, stagiaire dans un centre de formation pour chômeurs, qui me disait il y a déjà plus de dix ans : "Le monde qu'on nous propose n'est pas très convaincant. Comment voulez-vous que je m'y intègre ?"

Ceux qui doivent piloter des institutions qui décident du sort de concitoyens auxquels le marché n'offre pratiquement rien. Ceux qui doivent informer les acteurs de la société sur la marche de ce monde. Ceux qui doivent sur le terrain, mener les gens vers des comportements normés dans leur rapport quotidien au travail, à l'argent, à leur logement, à leur nourriture, à leurs enfants, à leurs concitoyens, etc. Tous les jours, face à une classe, face à une salle d'hôpital, face à une file d'attente, face à un tribunal, face à un théâtre plein. Tous, nous sommes en fait sommés de donner des réponses à cette jeune dame, de lui proposer mieux. Donc sommés d'être critiques et constructifs, curieux, en recherche d'idées, de transversalités, d'innovations, de nouveaux degrés de liberté, et aussi, empathiques et bienveillants, engagés dans notre travail, conscients de sa dimension politique et mobilisés par elle.

Convaincants. Et donc convaincants d'abord pour nous-mêmes. A même de nous rendre à ces poussées de désir d'avenir qui sont autant de promesses.

A ce petit soldat, il manque un bras...

Y a-t-il un régime minceur... pour la sinistrose ?

Philippe BEAGUE, psychanalyste.

De désillusions en dépression : un voyage organisé...

Qu'est-ce qui nous donne l'énergie de nous lever chaque matin ? Et d'affronter jour après jour une vie qui n'est pas particulièrement prodigue en cadeaux ? [1]

On répond rarement à cette question. Et pour cause : quand tout va bien, il n'y a guère de raison de se la poser. Pourquoi irait-on voir son médecin quand on se sent en pleine forme ou prendre rendez-vous avec un psychanalyste quand on se trouve bien dans sa peau ? Mais lorsque la question s'immisce en nous, elle risque bien de ne plus nous lâcher, de nous tarabuster jusqu'à nous mettre en demeure d'y répondre et donc, un jour, d'oser se dire : "Quel sens a ma vie ?".

Mais n'allons pas trop vite et revisionnons les séquences. Ce qui finira par ébranler l'édifice est le fruit d'un long travail de sape d'une bête qui avance à pas feutrés, une sorte d'alien invisible, mais particulièrement vorace et qui ne se nourrit que d'une proie : nos rêves. Elle s'appelle "désillusions" car elle n'est pas une, mais multiple. Ce qui rend son efficacité redoutable.

> C'est cette personne *"pour qui l'on eut vendu son âme"* [2] et qui n'est plus tout à fait celle que l'on a connue.
>
> C'est cette maison qui ne devait, comme dans les films, ne résonner que de "rires d'enfants" (sic) mais où prédominent disputes, cris, pleurs et chamailleries.
>
> C'est ce métier qui, hormis la sécurité financière, n'apporte plus l'excitation qui lui donnait tout son sel. C'est ce même métier, à qui on ne tient peut-être plus, mais qu'on a pourtant peur de perdre à tout moment, dans une "restructuration" qui n'épargnera personne.
>
> C'est cette course continuelle contre le temps entre vie familiale et vie professionnelle qui nous donne l'impression de ne jamais en faire assez ni dans l'une ni dans l'autre.
>
> C'est cette sensation d'injustice devant les "affaires", les détournements, les magouilles perpétrées par ceux à qui, en votant, nous avions naïvement fait confiance.
>
> C'est cette violence qui monte dans les écoles, éclate dans les banlieues, se déchaîne dans une gare.
>
> C'est cette immense sensation d'impuissance qui nous étreint face aux conflits qui ne s'arrêtent jamais et au chevet de cette planète qu'on nous promet en voie de détérioration.

---

1 Ce texte n'est pas destiné à ceux qui viennent de tomber amoureux ou de réussir brillamment un examen... mais ils peuvent le conserver pour plus tard !

2 L. FERRE : "Avec le temps".

C'est "*que soudain on y pense, à ceux qui n'en sont pas revenus... du mal de vivre.*" [1]

C'est...

C'est la mort de nos illusions. Inévitable. Incontournable. Passage obligé de cette vie, qui, comme le dit Alain Souchon "*nous fout le dégoût*" [2], d'autant plus que, rajoute-t-il ailleurs "*c'est ma vraie vie qui tourne*" [3], pointant là l'irrémédiable : que chacun de nous n'en aura jamais qu'une, que la condition humaine ne donne pas droit à une seconde chance, une touche "rewind", un billet retour, un nouveau départ. Tout cela, et c'est déjà beaucoup, ne donne encore qu'une sensation diffuse de malaise, juste le désir, par moments, "*d'arrêter la terre pour pouvoir descendre.*" [4]

Certes, l'énergie pour se lever le matin n'est déjà plus tout à fait au rendez-vous, le rire impromptu et jaillissant se fait plus rare, le sourire itou, il y a comme un voile sur le regard qui met une étrange distance entre nous et le monde, la lumière n'est plus tout à fait la même. La bête est contente. Elle a bien fait son travail, elle a déblayé le terrain pour une autre, plus terrible, meurtrière, spécialisée dans l'assaut final, le coup de grâce, la mise à mort : la dépression.

Il est pourtant solide l'être humain. Il en a passé des épreuves depuis, comme le disait Françoise Dolto, qu'il a "choisi" de naître, soulignant par là que l'être humain est déjà *Sujet* agissant à l'aube de la vie, que d'entrée de jeu, la question d'Hamlet se "pose à" lui et que de choisir d'être, c'est déjà faire preuve de l'énergie qui, dès l'origine, doit lui gonfler la voile. Et, de l'énergie il en faudra encore beaucoup pour traverser ces moments angoissants, déstabilisants, mortifères pour certains, dont la psychanalyse, cette écoute attentive des "récits de vie" a mis au grand jour toute la souffrance. Et naître est celle qui préfigure toutes les autres, augurant de cette traversée en solitaire de la vie qui est le lot de chaque être humain.

Cet enfant, né d'une rencontre, "*de nos vies échangées dans un éclair d'azur*" [5], relié au plus intime, neuf mois durant, à celle qui le mettra au monde, n'existe que dans et par cette fusion relationnelle qui lui donne sens à vivre, dont il devra, peu ou prou, faire le deuil. Toutes les épreuves qu'il va vivre ont pour fond la séparation, l'éloignement d'avec ce qui faisait sa sécurité, sa sensation de cohérence et d'identité, son "*sentiment de soi*" [6], et cet amour de lui-même dont il a tant besoin pour se garder en vie.

---

1 BARBARA : "Le mal de vivre".

2 A. SOUCHON : "Dégoût".

3 A. SOUCHON : "Manivelle".

4 S. GAINSBOURG : "Quoi".

5 C. NOUGARO : "Armé d'amour".

6 F. DOLTO, *Le sentiment de soi*, Gallimard, 1997.

Cette entrée progressive en solitude, avec la question lancinante "est-ce que j'existe encore pour l'autre ?" remettant, une fois de plus la question du sens en question, nul n'en fait l'économie. Et chaque "rupture" (perte d'un doudou, entrée à l'école, naissance d'un petit frère, disputes, déménagement, divorce des parents, passage à l'adolescence…) réveille les précédentes et avec elles, les souffrances jadis consolées ou rentrées dans la gorge. Comme nous le verrons plus loin, nous sommes des êtres de mémoire et de culture. Et nous en payons le prix. Mais on l'a dit, l'être humain, aussi petit soit-il, a des ressources : si personne n'est venu à son secours lorsqu'il avait peur, si personne n'est venu le rassurer sur sa valeur (l'écouter et lui parler serait pourtant si simple !), il "prend sur lui", ravale ses larmes et tape tout dans cette poubelle providentielle : l'inconscient.

Pas vu, pas pris. On retourne au front. A ce petit soldat, il manque un bras ! Mais c'est dans sa tête qu'il est amputé ! Se cherchant toujours dans le regard de l'autre, il n'existe pas vraiment à ses propres yeux. Toutes les désillusions évoquées plus haut qui dénient à l'être humain son besoin vital d'être "Sujet" (A. Touraine), "Personne" (A. Jacquard), "Etre de langage" (F. Dolto), "Parlêtre" (Lacan), ne font qu'accentuer cette impression de décalage, d'impuissance, d'échec. Le goût n'y est plus. Le dégoût – du monde, mais surtout de lui-même – refait surface. Le couvercle de l'inconscient saute et le mal de vivre devient dépression. Rupture de sens, rupture de désir, horreur de soi. Est-il possible d'empêcher cette dérive universelle, parfois mortelle, d'un être humain ? Et si oui, comment ?

La société nous offre deux "solutions". La première est un leurre. La seconde un cache-misère.

Solutions ou impasses ?

L'économie triomphante

"Bien sûr l'argent n'a pas d'odeur
Mais pas d'odeur me monte au nez." [1]

Ne crachons pas trop vite sur la "croissance". Elle a permis de créer l'emploi, de libérer les personnes, d'améliorer le confort de vie pour beaucoup. Pas pour tous, c'est clair, et les inégalités sont criantes, mais ce n'est pas le sujet du débat.

La question est : comment un système, créé au départ pour le bien de l'homme, peut-il générer aussi son contraire tout en continuant à clamer qu'il est l'artisan de

1 J. BREL : "Voir un ami pleurer".

son bonheur ? (c'est en tous cas la thèse des Economistes, maîtres à penser de notre époque).

John Stuart Mill, père fondateur de l'économie, mais par ailleurs aussi philosophe [1] ne s'y était pourtant pas trompé et ne confondait visiblement pas avoir et être, puisqu'il disait *"j'ai appris à protéger mon bonheur en limitant mes désirs plutôt qu'en tentant à tout prix de les satisfaire"*. Phrase que le Dalai Lama n'aurait sans doute pas récusée... Mais la terrible "logique" économique écrase tout (et tous !) sur son passage, aidée en cela par tous ceux qui espèrent en récolter les juteux bénéfices.

Cela va du "devenez scandaleusement riche !" amoral et cynique de la Loterie nationale [2] à la phrase confondante de mépris et de cynisme d'un Yves Le Lay, Directeur de TF1, qui, commentant la vacuité et la nullité de ses programmes dit, sans rougir, *"mon boulot, c'est de créer dans le cerveau [3] du spectateur des espaces libres pour assimiler la publicité de Coca-Cola."* [4] Un credo : vendre. Un moyen : consommer.

Même si les écrans plasma, ces "fenêtres ouvertes sur le monde", ne nous renvoient qu'à notre solitude. Avec en prime le message sous-jacent doucement culpabilisant : "Ne pas acheter, c'est risquer de faire perdre son emploi à votre voisin de table..."

Pourtant, même les économistes commencent à se poser des questions. Comme le pointent Isabelle Cassiers et Catherine Delain [5], les courbes du P.I.B. par habitant (indice de revenu et signe suprême pour les économistes que "Tout va bien !") et d'évaluation de satisfaction de vie, longtemps parallèles, commencent étonnamment à s'inverser !

Autrement dit, en avoir "encore plus" ne garantit en rien le plaisir d'exister.

D'abord, expliquent les auteures, parce que l'on tombe dans une spirale qui n'atteint jamais la satiété : le voisin a toujours plus et serait donc plus heureux, aucun chiffre en effet ne permet de calculer le bien-être. Ensuite parce que la croissance à tout prix s'alimente de nos angoisses existentielles, elles-mêmes souvent provoquées par la tyrannie économique : augmentation des inégalités, perte d'emploi, peur de l'avenir, conditions de travail, problèmes de santé (stress, maladies mentales), difficultés familiales... sans pour autant l'apaiser.

---

1 Comme quoi, apprendre à penser (le rôle de l'école ?) permet de ne pas tomber dans la tyrannie d'un savoir, quel qu'il soit.

2 Qui pour retrouver une crédibilité, investit aujourd'hui dans une "Etude sur l'addiction aux jeux de hasard" et une campagne pour interdire les billets à gratter aux jeunes. Bel exemple de perversion de la pensée...

3 A entendre ici comme "matière vulgaire et malléable" (l'antithèse du cerveau en quelque sorte).

4 Pour avoir nommé la firme, Yves Le Lay a-t-il touché une prime ou est-il "persona non grata" pour l'avoir rendue complice de la ridiculisation du client ? Mais que voilà un bon sujet de dissertation !

5 I. CASSIERS, C. DELAIN :"La croissance ne fait pas le bonheur : les économistes le savent-ils ?", in *Regards Economiques,* mars 2006, n° 38. Texte disponible sur le site de la Fondation Françoise Dolto.

Pour paraphraser Alain Souchon [1], "*ces foules sentimentales auraient soif d'idéal !*", c'est à dire d'une qualité de vie (certes garantie par un revenu décent) qui tient compte de l'homme dans son "humanité" : avoir une vie sociale, une famille, élever des enfants, vivre dans une société juste, avoir le sentiment d'être respecté, d'être considéré dans celle-ci et d'y apporter sa pierre, se sentir valorisé dans son travail, s'intéresser à la vie publique (et avoir confiance en ceux qui l'animent), croire à l'avenir de la terre...

Dans l'enquête réalisée par Bernard Petre pour le colloque "Quand les jeunes s'en mêlent" [2] (1200 réponses de jeunes), il est frappant de constater que ce sont ces valeurs-là que les jeunes mettent en priorité, montrant par ailleurs une méfiance (et une peur) de cette "société froide" basée sur le profit, la compétition, le consumérisme, l'individualisme (que très peu de jeunes revendiquent, même si certains avouent en "profiter").

Leur porte de sortie pour à la fois vivre et "rester humain" ouvre essentiellement aux métiers où "l'on s'occupe des autres" (enfants, handicapés, personnes marginalisées), l'action l'humanitaire.

C'est clair : la solution "tout à l'économie" est un leurre. Elle est même, pour certains, par les nuisances qu'elle provoque, le facteur déclencheur de la dépression qu'elle prétend combattre.

La "furor sanandi"

La découverte de la psychanalyse et, à sa suite, l'émergence des sciences humaines et des thérapies basées sur l'écoute de la personne ont ouvert, au siècle passé, une immense brèche dans la forteresse qui étouffait l'être humain et un espace de liberté lui permettant, enfin, d'exprimer ce qui, naguère, devait rester sous le sceau de l'interdit et du tabou : sexualité, haine, désespérance, secrets de familles, délires, folies... L'homme peut aujourd'hui exprimer sa part cachée, le couple lever le voile sur ses secrets d'alcôve, l'enfant confier ses terreurs nocturnes. Et ce, malgré ce qu'en pense un certain Président qui voudrait mettre Mai 68 au placard (et remettre l'homosexualité dans le tiroir des maladies génétiques...).

Il n'est nullement question de remettre cette libération en question. Mais il faut constater que cette avancée de l'humain peut provoquer quelques dérives inhérentes à toute révolution.

1 A. SOUCHON : "Foule sentimentale", décidemment, sous ses phrases légères et faussement naïves, il n'en rate pas une !

2 Organisé à Bruxelles le 6 mai 2006 par des jeunes de quinze à vingt-cinq ans accompagnés par la RTBF, la Fondation Roi Baudouin, La Fondation Françoise Dolto, le Ligueur, le Swarado, le Conseil de la Jeunesse, le Délégué Général aux Droits de l'Enfant, Espace Citoyen (conclusions sur le site de la Fondation Françoise Dolto).

- Celle de la "tyrannie du cœur" dont nous faisions mention par ailleurs [1], qui nous oblige à tout "comprendre" au nom du respect de l'enfant, ce qui met notre fonction d'éducateur "garant du bonheur" de l'enfant – autre dérive par ailleurs – dans une fâcheuse posture lorsqu'il s'agit de poser des interdits, de mettre des repères.[2] "Aimer à perdre la raison" (Louis Aragon)[3] n'est pas forcément indiqué pour respecter celui ou celle qu'on aime. C'est encore moins compatible avec éduquer.

- Celle du pardon inconditionnel qui met en demeure de tout excuser au nom d'un traumatisme infantile, d'une enfance malheureuse, de difficultés d'adaptation, ce qui amène l'autorité (l'école, le juge...), si elle confond l'acte avec la personne, à une impossibilité de poser les sanctions nécessaires au respect de la Loi.

- Celle, enfin, plus pernicieuse (car voulant en plus contrer les deux que nous venons de mentionner) qui voudrait que tout écart par rapport à la Normalité – mais qu'est-ce qui définit la Normalité ? – soit signe d'un dysfonctionnement, toute attitude "difficile" pour soi ou pour les autres une maladie qu'il faut soigner.

Même le grand public, qui s'est si longtemps méfié du "psy", non seulement s'y précipite – tous les centres ont aujourd'hui des listes d'attente – mais en appelle directement au psychiatre ou au pédopsychiatre. Ce qui, il y a peu, servait encore de repoussoir ("mon enfant n'est pas fou") semble aujourd'hui en rassurer certains. Le diagnostic psychiatrique permet peut-être de se déculpabiliser : *"S'il se conduit comme ça, c'est à cause de sa maladie"*. Entendons : "Je n'y suis donc pour rien !".

"En même temps, quelque chose menace notre civilisation de l'intérieur. La dégradation des relations personnelles, la solitude, la perte des certitudes jointe à l'incapacité d'assumer l'incertitude, tout cela nourrit un mal subjectif de plus en plus répandu. Comme ce mal des âmes est tapi dans nos cavernes intérieures, comme il se fixe de façon psychosomatique dans des insomnies, difficultés respiratoires, ulcères d'estomac, malaises, on ne perçoit pas sa dimension civilisationnelle, collective et on va se confier au médecin, au psychothérapeute, au gourou" [4] (...) et on prend à son compte avec une culpabilité démultipliée les malaises de toute une société !

---

1 Cfr le texte "Les limites... l'affaire du siècle ?", in *Journal du Salon de l'Education*, 2005 et in *Pratiques d'écoles*, n°4, janvier 2006. Le texte est disponible sur le site de la Fondation Françoise Dolto.

2 Cfr *Quels repères pour grandir ?*, Edition Couleur Livres, 2004 et J.-P. LEBRUN, *Un monde sans limite ?*, Edition Eres, 1997.

3 Ah! Louis, que c'est beau... Mais Elsa, qu'en pensait-elle exactement ?

4 E. MORIN, A.-B. KERN, *Terre patrie*, Edition Seuil, 1993, p.97. Voir aussi le texte d'E. MORIN, "Le complexe humain", dans ce livre, p.56.

"Dieu m'est témoin que je n'ai pas voulu cela" doit se dire avec beaucoup d'humour puisqu'il ne croyait pas en Dieu, le père de la psychanalyse qui ne voyait en elle, et c'est déjà beaucoup, qu'une opportunité de libération de tout ce qui inconsciemment nous enchaîne.

Mais cette troisième dérive est particulièrement mortifère et mine sournoisement le socle qui permet à tout un chacun de rester debout.

Cinq raisons de la tenir à distance et de ne pas y tomber :

- La première est qu'elle ne reconnaît plus à l'être humain (enfant, adolescent, adulte) d'autres comportements que le *"psychologically correct"* dit à dessein en anglais puisque c'est des Etats-Unis que nous vient le D.S.M. IV qui dissèque systématiquement tous les "écarts" de langage, d'attitude, de comportement par rapport à la norme (laquelle ?) et stipule le traitement censé l'éradiquer. Pseudo scientifique entomologie de l'âme humaine qui considère tout "symptôme" comme une nuisance et non plus comme révélateur d'une souffrance qui n'a pas encore les mots pour se dire.

  Mais *Big Brother is watching you* et vous dit à partir de quand vous êtes considéré comme un malade psychiatrique puisque, bien sûr, vous n'en avez aucune conscience. Par exemple, si vous avez piqué plus de trois colères (en voiture, vis-à-vis de vos enfants, contre n'importe qui) au long des deux années qui viennent de s'écouler, vous souffrez sans doute d'un "Trouble Explosif Intermittent" (en anglais, un I.E.D. : Intermittent Explosive Disorder) et selon les études de la Harvard Medical School, vous êtes en droite ligne vers l'abus de drogue, d'alcool ou la dépression.

  Certes, des colères à répétition sont signe de tension et votre entourage aura tôt fait de vous le signaler, mais êtes-vous pour autant du côté de la pathologie ? Et en demeure de consulter un psychiatre ?

- La deuxième raison est, qu'en enfermant un être humain qui a déjà un genou en terre dans un "symptôme" en ne reconnaissant pas ce que sa souffrance a de légitime, en le réduisant à une maladie, alors que sa "maladie" (une dépression par exemple) est signe de santé, elle étouffe une révolte qui couve au fond de lui, qui lui sera salutaire, et à lui, et aux autres.

  En cela, elle fait purement et simplement l'impasse sur la capacité de tout être humain de trouver en lui-même les ressources qui lui feront retrouver l'énergie pour changer le cours des choses. La "furor sanandi" soi-disant au chevet du malade, creuse "de bonne foi" sa tombe. Elle est le fossoyeur du génie.

- La troisième raison est qu'en voulant s'instituer comme "la" réponse aux difficultés de vie que rencontrent tous les humains, elle risque aussi de devenir le bras "soft" de la tentation sécuritaire qui anime tellement nos gouvernants et qui pervertit gravement la notion même de Prévention. On l'a vu, il y a peu, en France, lorsque le Ministre Sarkozy, s'appuyant sur un rapport de l'Inserm (rédigé uniquement à partir d'études nord-américaines !) se proposait pour "éradiquer la violence" d'entreprendre un dépistage systématique des tendances violentes chez les enfants à partir de trois ans et de doter chaque enfant d'un certificat attestant de sa "dangerosité".

La réaction du monde psy fut heureusement massive, [1] mais le projet de loi risque bien de ressortir sous une forme ou sous une autre, s'appuyant cette fois sur des recherches (sur les "facteurs d'attachement du nouveau-né" ou "les indices de prédélinquance en milieu immigré") qui donneront la "caution scientifique" aux "nouvelles mesures de sécurité" qui permettront à nos gouvernants d'enfin dormir tranquilles…

- La quatrième raison est le soutien forcené de cette démarche par les industries pharmaceutiques (Tiens, revoilà la solution de l'économie triomphante !...). La consommation d'antidépresseurs, d'anxiolytiques, de somnifères mange déjà une part importante du budget de la sécurité sociale, mais la "furor *medoc* sanandi" risque bien d'encore en accentuer la courbe. Même si des études récentes sur les effets placebo remettent sérieusement en cause leur efficacité. D'autant plus que l'enfant devient un "marché porteur".

  Un communiqué de l'Agence Belga annonçait en mai 2006 : "L'Agence Européenne des Médicaments (E.M.E.A.) s'est déclarée favorable à l'utilisation du Prozac et autres anti-dépresseurs à base de fluoxétine du laboratoire américain Eli Lilly, pour les enfants souffrants de dépression modérée et sévère dès huit ans si une psychothérapie ne s'avère pas efficace".

  A quand les biberons de lait parfum ritaline ou de jus d'orange vitamine C + Prozac pour les dix heures ? [2] Tous les vendeurs de soda savent que, pour fidéliser la clientèle, le cœur de cible sont les enfants. Bien sûr, il ne s'agit pas de jeter le bébé avec l'eau du bain. Les médicaments sont parfois précieux pour soutenir des adultes plongés dans des maladies graves (et la véritable dépression en est une) et, par ce soutien chimique, leur permettre d'engager un travail thérapeutique.

  Ce que nous dénonçons est l'épouvantail de la pathologie agité de plus en plus et de plus en plus tôt. "Les professionnels de la santé ont appris à se méfier des diagnostics qui brisent l'espoir des parents et l'élan des enfants." [3]

---

1 Voir le site www.pasdezérodeconduite.ras.eu.org. Voir aussi le site www.forympsy.be à l'initiative du colloque "Touche pas à ma conduite" le 14 juin 2008 au Palais des Beaux-arts à Bruxelles.

2 N'oublions pas l'enseignant qui aurait bien droit à sa petite barre chocolatée au Rohypnol d'autant plus que, s'étant énervé déjà deux fois la semaine passée, il souffre peut-être d'un "Trouble Explosif Intermittent".

3 D. CAU, secrétaire général du SNPEH (Syndicat National des Pédiatres des Etablissements Hospitaliers), in "Lettre ouverte au Premier Ministre", 2006.

"Depuis la psychanalyse, nous savons que l'enfant s'identifie plus sûrement à ce qu'on craint pour lui qu'à ce que l'on souhaite pour lui." [1] Un enfant qui ne dort plus ou qui tente de se suicider n'a nullement besoin de somnifère, mais sans aucun doute d'une oreille extérieure pour l'écouter et surtout d'un milieu familial sécurisant. Les difficultés des enfants ne sont, la plupart du temps, que le reflet de la vie particulièrement difficile aujourd'hui des jeunes parents, de leurs fragilités, de leur inexpérience. Aider l'enfant, c'est avant tout tenter de comprendre avec ses parents ce qui le perturbe et ce qu'avec son symptôme d'angoisse il tente d'exprimer. L'endormir (et le bâillonner) avec un antidépresseur n'est pas seulement un cache-misère. C'est de la non-assistance à personne en danger.

- La cinquième raison est en filigrane dans toutes les autres : celle qui voudrait faire rimer définitivement soixante-huitard avec ringard, vie avec chienlit, créativité avec panier, psychanalyse avec remise, atypique avec génétique : cet idéal de maîtrise totale (qui rime avec transit anal) du vivant, de l'ordre, du rangement, du téléspectateur muet, du consommateur bouffi, du jeune "qui se tient tranquille", du bébé qui dort (Merci Baby T.V. !).

  "L'objectif du D.S.M. était de démontrer que le trouble de l'âme relevait exclusivement de la psychopharmacologie ou de la chirurgie, et qu'il pouvait être réduit à un désordre, une dissociation, c'est-à-dire à une panne de moteur." [2]

Mais alors, quelles alternatives s'offrent à nous pour faire face à l'irrémédiable des désillusions, à l'ombre menaçante de la dépression ?

Revenir à l'essentiel : donner à l'humain sa place

Si, comme on l'a vu, la dépression plonge ses racines dans l'histoire de chacun et se nourrit d'abord d'une série de déceptions, elle s'alimente aussi, et peut-être surtout, de "l'air ambiant". Entendez la sinistrose dans laquelle baignent aujourd'hui nos sociétés occidentales.

Pour la première fois sans doute dans l'histoire de l'humanité, nous ne croyons plus vraiment aux révolutions, nous n'attendons plus le "grand soir" et ses lendemains qui chantent, nous ne sommes plus certains que "ça ira mieux demain" et qu'un grand mouvement (qui se devrait aujourd'hui d'être mondial) pourrait venir à bout des inégalités, de la pauvreté, des innombrables conflits sanglants (particulièrement pour les enfants). Dans ces "âges agoniques", "ces temps de l'incertitude" tels que les appelle Edgar Morin, la planète bleue elle-même, seul héritage que nous laisserons

---

1 S. GIAMPINO, "Non, à trois ans tout n'est pas joué", in *Pas de zéro de conduite pour les enfants de trois ans*, Editions Eres, 2006, p.67.

2 E. ROUDINESCO, *La part obscure de nous-mêmes*, Albin Michel, 2007, p.194.

aux générations qui nous suivent, semble elle aussi agoniser. Alors que justement elle s'avère être pour de plus en plus de nos contemporains leur "dernière demeure". De moins en moins en effet sont prêts à miser sur le pari de Pascal... *"Et si le ciel était vide ?"* [1]

Impuissance pour ici, désespoir pour "ailleurs", l'air ambiant n'est pas à la fête ! Un peu comme si nous étions sortis de la magie de l'enfance, comme si nous devions, semblables à un adolescent, quitter le cocon rassurant, constater que "les adultes" ne sont que ce qu'ils sont et découvrir soudain l'immense fragilité que nous nous cachions à nous-mêmes... et qu'ils nous cachaient !

Plutôt que de nous laisser basculer dans une dépression aujourd'hui collective, ne serait-il pas venu le temps de nous occuper de nous ? Les "solutions" vues plus haut n'en sont pas. N'est-ce pas parce que dans leur logique poussée à l'extrême, elles ne tiennent pas compte de ce dont un humain a réellement besoin ?

Spécificité de l'humain

Peut-être faut-il d'abord poser la question à un niveau qui paraîtra trivial, mais qui, comme les interpellations parfois étonnement simples ou même (à dessein) naïves des psychanalystes ("Dites-moi, au fond, pourquoi aimez-vous votre mère ?") provoquent une prise de conscience qui peut changer le cours d'une vie a le mérite de ramener à l'essentiel, de redonner vie à nos neurones, de faire resurgir en nous la dignité de ce que nous, les humains, sommes.

Pourquoi acceptons-nous si facilement ces "solutions" qui nous ravalent au rang des animaux, non pas ceux qui librement, vivent leur vie, mais ceux que nous ne considérons plus comme êtres vivants, comme de la pâte à modeler ou à consommer. "Les souris enfermées dans des laboratoires à seule fin de tester des poisons ; les poulets vivants suspendus par les pattes avant d'entrer dans des salles d'abattage industriel ; les veaux contraints de vivre ratatinés dans des box afin d'être anémiés et plus tendres à manger..." [2] Est-ce de les traiter si mal que nous ne nous autorisons pas à nous traiter mieux ?

Peut-être qu'assumer sa condition d'homme, et en être fier, fait-il resurgir inconsciemment la culpabilité d'un quelconque "péché originel", qui nous fit mordre dans une pomme et dérober, quelle honte !, le fruit de la connaissance ? Pourquoi n'osons-nous pas vraiment revendiquer notre spécificité et acceptons-nous si facilement, comme on va le voir, d'être mis avec l'animal dans le même panier ?

---

1 A. SOUCHON, "Et si en plus y a personne". Encore lui ? Ah le bougre !

2 E. ROUDINESCO, *ibidem*, p.186.

Instinct ma(pa)ternel, amour ma(pa)ternel : la confusion

Qu'avons-nous de commun avec cette chatte attentive qui transporte un à un ses petits pour qu'ils soient à l'abri ? Avec ce couple de canards qui n'arrêtent pas une seconde de surveiller les alentours pour protéger une dizaine de canetons qui ne savent rien des dangers qui les guettent ? Avec ce couple de merles qui passent des mois à faire un nid, à trouver de quoi remplir les becs hurlants grands ouverts d'une marmaille affamée, à lui apprendre à voler ? Avec ces dauphins assemblés autour d'une femelle en plein "travail" et dont l'accouchement est imminent ? Avec cette lionne… La liste est infinie et les scènes plus touchantes les unes que les autres.

Mais ne nous y trompons pas, nous n'avons rien de commun si ce n'est que, comme eux, nous sommes mus par une "pulsion irraisonnée" précise le dictionnaire, un "instinct" – sexuel – qui pousse à s'accoupler et, puisque la nature en a défini les conséquences, à procréer.

La comparaison s'arrête là ! Car toute émouvante pour nous que soit cette sollicitude des animaux pour leur progéniture, elle ne doit pas nous faire verser dans l'anthropomorphisme qui consiste à leur attribuer les sentiments que, peut-être – car rien n'est prouvé –, nous sommes les seuls à éprouver. C'est le premier amalgame dont il faut se méfier. Ce qui n'empêche pas de les respecter et même pour beaucoup "d'amis des animaux" de s'y attacher. Mais nous ne faisons pas partie du même panier. Un autre amalgame risque bien pourtant de nous y ramener…

De l'instinct ma(pa)ternel…

Celui-là fonctionne exactement en sens inverse. Il voudrait nous faire croire que l'attachement d'une mère pour son enfant serait inscrit dans ses gènes. Les pères sont moins visés puisqu'ils n'ont pas ce rapport charnel au fœtus, donc moins – on entend les féministes de la première génération (celle de 1968) hurler ! – dans l'animalité ! Et qui dit génétique dit instinctuel donc naturel et jaillissant en toute femme porteuse d'un fœtus et bientôt forcément "heureuse" maman ! Bien sûr, n'allons pas, à moins d'être créationniste, nier l'évolution du vivant et ce qui fonde notre "humanitude". Ne rougissons pas de nos origines et osons reconnaître que nous sommes ontologiquement reliés à ce que C.G. Jung appelle "la queue du saurien".

Ce bébé qui vient de naître nous le prouve à souhait en trouvant sa sécurité, non pas dans sa mère, mais dans l'odeur de sa mère… C'est tout dire ! Mais osons aussi dire que sa mère a dix-huit, vingt-deux ou trente ans de vie d'humanité derrière elle et qu'elle n'a plus rien d'une femelle reconnaissant sa progéniture à l'odeur qu'elle dégage et développant automatiquement tous les comportements que ce message olfactif provoque !

Cette jeune femme, même si elle a encore, dans plusieurs domaines, toute une série de réactions instinctives, comme tout être humain, qui remontent à la nuit des temps et dont elle n'a, comme son compagnon, pas conscience, a construit en elle tout un imaginaire qui l'a amenée à mille lieues de cet instinct auquel certains voudraient qu'elle soit encore aveuglément soumise.

Elle est face à une toute autre réalité, aux antipodes de la "pulsion irraisonnée" définie par Le Larousse. Une réalité qui a façonné la femme qu'elle est aujourd'hui. Etre biologique sans aucun doute, mais aussi être humain. C'est-à-dire un être transmuté par la pensée, traversé par la mémoire des générations, à la fois révélé et tronqué par toutes les relations qui l'ont rendu vivant et désirant, inscrit dans le langage qui lui permet de se découvrir aux autres et à lui-même.

Mais le langage ne lui donne pas pour autant les moyens de dévoiler tout à fait sa part d'ombre, même à lui-même. Un être que la parole a définitivement extirpé du panier où fourmillent tous les êtres vivants. C'est sa force. Mais il n'en est pas pour autant transparent à ses propres yeux et c'est à la fois sa fragilité, sa souffrance et le mystère où s'enracine son désir. Que l'on soit femme ou homme, nous sommes face à cette réalité !

... à l'Amour ma(pa)ternel

Parler d'instinct n'a donc plus aucun sens. Changeons alors de registre et passons à l'autre formule qui a le mérite de nous mettre sur le versant de l'humain, mais qui, elle non plus, n'est pas dénuée d'ambiguïté et ne nous met pas à l'abri des amalgames. A commencer par le mot "Amour", mot valise, mot piège s'il en est et qui, lorsqu'il s'agit "d'amour parental", prête à toutes les confusions.

Que veut dire en effet "aimer son enfant", ou "aimer les enfants" ? Ce serait matière à un livre ! Mais c'est lorsqu'il est accolé à "maternel" qu'il est le plus bateau et que fatalement il nous y mène ! C'est qu'il est encore tellement collé à "l'instinct maternel" qu'il ne peut que nous ramener au biologique, à la nature, donc au "naturel" avec tout ce que cela suppose d'inné, d'instinctif (c'est le cas de le dire) et donc d'obligatoire.

Certes, l'attente et la venue de cet enfant, qui sera pour toujours le *nôtre,* provoquent en nous, dans la plupart des cas, une onde sismique, dans la tête, dans le cœur et, pour une femme, dans le corps, qui fera que cet enfant-là ne sera jamais semblable aux autres. "Qu'est-ce qui fait, s'interroge André Comte-Sponville, que nous aimons tellement nos enfants et si peu ceux des autres ?" Et cela dès la conception. La preuve : cette future maman d'un premier enfant qui constatait : "Quand je voyais les clichés de l'échographie des autres, je me disais que ça ressemblait à une crevette ! Quand je vois les miens, j'y vois un bébé !". Dans la plupart des cas... mais pas toujours ! Car cet "amour maternel" vu comme une évidence, un "donné d'avance", un "compris dans l'emballage" n'est pas, loin s'en faut, inhérent à cette naissance.

La spécificité de l'être humain esquissée plus haut fera ou ne fera pas réussir cette chimie de la rencontre entre deux êtres que tout unit, puisque nés l'un de l'autre, mais que tout sépare puisque, dès la conception déjà différents, donc étrangers. Il convient de leur laisser le temps de s'apprivoiser, de se reconnaître. Et si l'étincelle ne jaillit pas, de quel droit blâmer cette mère dont l'histoire ne permet pas que s'ouvrent à son enfant les portes de l'attachement ? La souffrance qu'elle ressent ne suffit-elle pas pour que s'y rajoute le jugement péremptoire des adorateurs de la nature ?

Voilà le poids dangereux des mots qui, lorsqu'ils sont accolés comme s'ils ne faisaient plus qu'un "l'amourmaternel", en rajoutent une tonne sur la culpabilité (cohésive à notre humanitude) et font passer une personne du côté du "monstrueux", de l'ineffable. Et lorsqu'une mère ou un père va jusqu'à tuer son (ou ses) enfant(s), est-ce elle ou lui qu'il faut condamner ? Ou les circonstances qui ne leur ont pas permis d'échapper aux nœuds trop serrés de leurs mystères, de leurs souffrances enfouies ?

Si, concernant les humains, on peut rayer de la liste "l'instinct maternel" qui ne fait pas de différence entre nous et l'animal, et prendre distance d'avec "l'amour maternel" que la croyance populaire imagine encore jaillissant et spontané, quelles que soient les circonstances, il nous faut néanmoins tenter de cerner ce que représente pour nous – êtres de raison, mais aussi d'inconscient – la naissance d'un enfant.

Respecter en l'homme le Sujet

Une naissance qui d'emblée confronte cette promesse d'homme (Albert Jacquard), non pas à l'amour, mais à la question du désir (le sien et celui de ses procréateurs) et à ses avatars mystérieux.

En disant à un enfant *"Ta mère était formidable. Elle t'a mis au monde, mais comme elle a senti qu'elle ne pourrait pas t'élever comme tu le méritais, elle t'a confié(e) à d'autres qui, eux, désiraient être parents",* Françoise Dolto nous montre comment respecter en chacun le *Sujet* qui l'habite. A la fois l'enfant, en lui rendant son origine et sa vérité, et sa mère de naissance, en lui redonnant sa dignité de mère et de femme. Elle opère une rupture radicale avec le système de pensée qui est encore omniprésent aujourd'hui et qui nie obstinément le fait que la naissance d'un enfant est d'un autre ordre : celui de la culture.

Pour preuve ce retour en force de certaines idées qui ramènent les femmes à leur "nature". Les féministes n'ont peut-être plus comme adversaires les hommes, mais les femmes elles-mêmes qui embrayent étonnamment vite sur les conceptions "qui font autorité" : la "science médicale" par exemple. Nature qui remettrait dans le rang ces femmes un peu trop libérées qui négligeraient leur mission première – faire des enfants – au profit d'attirances douteuses : leur féminité, leur indépendance, leur goût d'une réalisation professionnelle, leur "carriérisme", et qui leur rappellerait les principes fondamentaux de la "bonne mère"... laissant à leur culpabilité rampante le soin de faire le reste !

L'allaitement en est à l'évidence l'illustration. Si les femmes, les "mères" ont une poitrine (pas des seins), c'est bien pour la donner à qui de droit : l'enfant. La campagne menée par certains hôpitaux qui sauraient mieux que les mères ce que c'est qu'être "amis des bébés" a, de par son discours totalitaire, de quoi interpeller ! D'autant plus que ce discours se garde de révéler le nombre en augmentation de morts subites de nourrissons constatées dans ces officines où les nouvelles mamans ont été sommées d'utiliser, envers en contre tout, ce "moyen de nourrir qui leur a été donné par la nature" ! Méfions-nous des discours simplistes, qu'ils proviennent des fondamentalistes de la mamelle, comme des intégristes du biberon, qui disent aux femmes ce qu'elles doivent faire pour être dans la norme ! Mais soutenons les femmes dans leur choix, quel qu'il soit, pour qu'elles se sentent elles-mêmes en accord avec ce qu'elles sentent. Car ce que "boit" le bébé n'est pas seulement le lait (qu'il vienne du sein ou du biberon) mais aussi et surtout ce que sa mère éprouve en le lui donnant. A savoir sérénité et plaisir qui le rassurent, quelle qu'en soit l'origine, la forme et le goût !

Ce bébé encore "bestial", certes, aux premières heures de sa vie qui paraît plus concerné par l'odeur de sa mère que par sa mère elle-même, est aussi être humain, c'est-à-dire "relationné", par neuf mois de gestation. Il est donc déjà sensible à ce qu'éprouve sa mère et surtout hyper sensible, à travers ce nourrissage qui comble son besoin, à un lien qui l'éveille au désir et qui se tisse dans le plaisir qu'il perçoit chez elle. Alors pour lui la vie prend sens. L'instinct a déjà cédé la place à l'humain. Le sens pour l'une fait sens pour l'autre.

La spécificité du petit d'homme est de conditionner son désir de vivre non seulement à la "prégnance" biologique que représente sa mère, mais aussi conjointement à l'intérêt relationnel dont il se sent investi. Par sa mère au mieux, par tout être humain qui l'investit si sa mère, quelle qu'en soit la raison, fait défaut dès sa naissance.

Ce petit détour ou plutôt ce petit retour à l'origine de la vie nous permet d'affirmer qu'il est temps, qu'en ces matières, on élève le débat, pour que, comme le dit Julia Kristeva : *"La femme remplisse son "rôle civilisationnel" à la frontière entre, d'une part la biologie, l'instinct, et d'autre part, la particularité qui fait d'elle et de l'homme, du féminin et du masculin et de ce qu'ensemble ils créent, ce qu'on pourrait appeler le "sacré", non pas dans le sens d'une religion, mais de ce qui, qu'on le veuille ou non, nous transcende : l'enfant ."*

Mettre l'enfant, et donc, l'avenir au centre du débat, c'est repenser le monde à partir de qui fait la spécificité de l'humain.

Alors, à l'évidence, deux priorités apparaissent : soutenir la parentalité et repenser l'école. C'est mettre en place ce que Françoise Dolto appelait la "révolution des petits pas." [1]

1 F. DOLTO, in *La Cause des enfants.*

Soutenir la parentalité

Pourquoi ?

Soutenir les femmes et les hommes qui, à travers la naissance d'un enfant, naissent à leur tour à un autre état – celui de mère et de père – avec toutes les angoisses que l'inconnu inspire, c'est bien sûr répondre aux questions qu'ils posent (les infirmières de maternité et les professionnelles de PMI et de consultation de nourrissons en connaissent la litanie), mais surtout les laisser par eux-mêmes découvrir les compétences qui dorment en eux et dont beaucoup s'imaginent être dépourvus. Pourquoi sont-ils à ce point démunis ?

Entre vie familiale et vie professionnelle, les parents surfent du biberon au boulot, passent en coup de vent de la crèche à l'école, de l'école au bureau, un coup d'œil à l'horloge, un autre dans le rétro. Ils courent... du pédiatre aux activités, de la garderie à l'orthodontiste, du club de sport à la grand-mère, du fast food à la fête de l'école. Ils arrivent à tout faire, mais avec la sensation sourde et amère de tout faire à moitié.

Alors, ils s'en veulent les parents ! Et quand il faut dire "non", régenter, frustrer, interdire, sévir, tout ce qu'éduquer veut dire, ils font l'impasse "pour ne pas en rajouter une couche", ne pas les faire "souffrir". Et puis, la famille, c'est le seul havre de paix. C'est "cocoon". Mieux vaut laisser les tensions, les fâcheries, l'agressivité à l'extérieur... dans ce monde où tout est "struggle for life".

Les enfants vivent ce grand fracas. Accrochés à leur doudou, leur boîte à tartines, leur cartable, parfois – de plus en plus souvent – leur "valise pour aller chez Papa", ils se lèvent, se lavent, s'habillent. Mangent. Vite. Puisque tout doit aller vite. Ils regardent filer – pas défiler – le paysage sur la banquette arrière et se demandent pourquoi on va toujours être en retard, "En retard sur quoi ?", "T'occupe !", "Dépêche-toi !", "On y va !", "On verra ça plus tard !", "Tu diras à ton institutrice...", "Tu me fatigues, c'est bon pour une fois." Et une fois, c'est toujours, puisqu'il y a déjà eu une fois ! Et les repères vacillent. Et les normes s'estompent...

Et les enfants, qui ont tant besoin de balises qui viennent tempérer leur besoin de toute puissance cherchent désespérément l'interdit qui viendrait leur signifier que tout n'est pas possible, que tout n'est pas permis. L'interdit qui, certes, provoque leur rage et les "je ne t'aime plus !", mais aussi la sécurité de rentrer dans le monde des humains. Un monde où les pulsions (agressivité, plaisir égocentrique, négation de l'autre) sont canalisées, contrôlées, transcendées.

Sans repères de temps, de lieux, de comportements ou même s'ils sont simplement un peu flous, un enfant a la sensation de vivre "éclaté", sans protection. Et cette angoisse que les mots ne contiennent pas s'exprime par tous ces comportements qui dérangent, qu'on soit parent ou professionnel d'éducation. De la simple "bougeotte" (signe pourtant de vitalité) à l'hyperactivité [1], la violence, le rejet des autres, il ne s'agit, dans la plupart des cas que de signes, aux adultes adressés, qui les renvoient cruellement à eux-mêmes. Pas de raisons de se flageller et de sombrer dans une culpabilité encore plus grande. Juste des indicateurs qui permettent de rectifier le tir, de faire le point, de reprendre les commandes, de retrouver les priorités. D'être les parents que nous sommes tous capables d'être. Voilà pourquoi il est fondamental de mettre en priorité le soutien à la parentalité.

"La prise en charge de la socialisation par la société ne sera complète qu'avec l'éducation des parents en vue de la part incompressible qui leur revient dans le processus. Le soutien à la parentalité ne fait que commencer." [2]

Bien d'accord ! Nous n'en sommes qu'aux prémices.

Mais qu'entend-on par "l'éducation des parents" ?

Comment ?

Si "aimer" et éduquer un enfant n'a, comme on l'a vu, rien d'instinctif, est-ce pour autant un manuel, un "cours", une initiative, un enseignement qui nous en donnera le mode d'emploi, la technique, voire le secret ? A l'évidence non. Ce serait se donner l'illusion que ce qui fait la spécificité de l'humain (la relation, l'éducation, la parole) serait de l'ordre essentiellement de la raison, de la science, donc de la maîtrise. C'est bien en cela, disait le père Sigmund, que l'éducateur et le politicien (et bien sûr le psychanalyste ou toute personne qui s'est donné comme mission "d'aider" l'autre) ont partie liée : ils ne font pas de la mécanique, mais gèrent la vie elle-même donc par essence l'imprévisible, le jaillissant, l'inédit qui jamais, de mémoire d'homme ne se sont réduit à des formules, qui jamais jusqu'à la fin des temps, n'endosseront le costume trois-pièces du figé, du défini d'avance et du "pédagogiquement correct".

Le clignotement d'une paupière peut avoir en matière humaine, le même effet que le battement d'aile d'un papillon sur l'équilibre écologique toujours instable de la planète.

Nous n'éduquons nos enfants ni avec notre expérience de la vie ni avec nos principes, mais avec ce que nous sommes ou avec ce que nous ne savons pas que nous sommes puisque c'est l'éducation reçue dans notre enfance qui nous fait "éduquant" aujourd'hui. Comme le dit Christian Bobin : *"On transmet à un enfant ce qu'on est, jamais ce qu'on croit qu'il faut être."* [3] "L'éducation des parents" est donc à la fois une entreprise insensée et parfaitement irréalisable. On peut donc sans état d'âme

---

1 Voir aussi le texte de F. PAROT, "Mais pourquoi ces enfants s'agitent ?", dans ce livre, p.97.

2 M. GAUCHET, in Revue *Le débat,* 2004.

3 C. BOBIN, *La merveille et l'obscur,* Ed. Paroles d'Aube, Paris.

rayer l'expression de notre vocabulaire, mais sans pour autant se désintéresser de la question et au contraire mettre en place un autre projet à la hauteur de l'humain : le soutien à la parentalité.[1]

En cette matière qui, comme le dit Marcel Gauchet, "ne fait que commencer", Françoise Dolto en sortant de son bureau de psychanalyste, nous a montré la route à suivre. D'abord tout simplement par l'information nullement axée sur "comment éduquer", ce à quoi elle n'a jamais cédé, mais sur l'enfant lui-même et ce dont il a besoin pour être reconnu humain au même titre que chaque adulte est en droit de le revendiquer pour lui-même. C'est encore une révolution aujourd'hui (qui, on l'a vu, a amené quelques dérives) d'autant plus qu'étant autrement traités, pris en compte, respectés, invités à s'exprimer, écoutés, les enfants nous renvoient une autre image de ce que les adultes étaient à leur âge et nous confirment qu'ils sont nos égaux en compréhension, en intelligence. Ce qui ne nous permet pas pour autant d'esquiver nos responsabilités éducatives et d'échapper aux rôles inhérents aux places que confèrent ces responsabilités.

Françoise Dolto ne s'est pas rendue que dans des studios de radio. Elle a aussi travaillé avec les professionnels de première ligne, ces "acteurs cachés de la prévention"[2] qui dans les crèches, les pouponnières, les écoles, non seulement éduquent des enfants, mais sont, eux aussi, les acteurs incontournables du soutien à la parentalité.

Mais c'est en descendant carrément dans la rue et en ouvrant sa boutique (la "Boutique verte" qui devint la "Maison verte") avec une équipe d'acteurs sociaux et de psychanalystes, qu'elle lançât sa deuxième révolution : une écoute des parents (et bien sûr des enfants) aux antipodes des "bons conseils" et de "l'éducation des parents" dont nous avons pointé l'impasse, mais au contraire en posant l'a priori des compétences innées des parents à faire émerger, à raviver, à respecter. *"La première règle pour éduquer un enfant – ou un adulte – c'est de l'élever d'abord à ses propres yeux"*, disait la philosophe Simone Weil.

Une écoute qui exige du professionnel une totale humilité, car *"il y a mille façons d'être père et mère (...) et la tendance naturelle (des professionnels) est toujours un peu de penser qu'on sait mieux que les autres et mieux que les parents eux-mêmes (...) Une grande part des problèmes rencontrés en matière de parentalité vient de cette difficulté à laisser de la place, assez de place pour qu'émerge les "potentialités parentales" sans chercher à imposer la meilleure façon d'être père ou d'être mère (...) Tout ce qu'on peut offrir à son niveau et à sa mesure, c'est un accompagne-*

1 Voir aussi le texte de C. SITA, "Cultiver l'espérance dans les relations de soin : le soutien à la parentalité", dans ce livre, p.78.

2 Les acteurs cachés de la Prévention, Rapport final de l'étude action, *Les professionnels de la petite enfance, Acteurs cachés de la prévention*, par l'Observatoire Régional de la Santé Rhône-Alpes, juin 2004.

ment, un soutien pour que ces capacités puissent apparaître, se développer et se renforcer chez tous les parents d'où qu'ils viennent et qui qu'ils soient !" [1]

"Je définirai la prévention psychologique comme étant toute démarche qui consiste à éviter des dommages occasionnés à l'humanité dans la personne, cela en prenant soin de sa dignité et en soutenant sa capacité à renouer la confiance. Par humanité, j'entends bien sûr le Sujet." [2]

Françoise Dolto avait coutume de dire, et elle était mieux placée que quiconque pour oser l'affirmer, "C'est idiot de faire du Dolto." [3] Elle ne voulait pas qu'on l'imite, mais que chaque parent laisse émerger sa propre créativité seulement conditionnée à une écoute de leur enfant. Non pas dans le but de "faire son bonheur" et de combler ses désirs, mais de l'aider à surmonter les frustrations inhérentes au fait de passer du principe de plaisir dont il ne doit pas rester l'esclave au principe de réalité qui lui donnera la structure nécessaire pour être à la fois citoyen à part entière – c'est-à-dire capable de vivre avec d'autres – et être désirant – c'est-à-dire capable de trouver en lui son "moteur" à vivre.

Elle ne voulait pas non plus que les professionnels "fassent du Dolto" mais, dans le cadre de leur mission d'éducation, à l'écoute des enfants et de leurs parents, réinventent leur rôle, dans le but constant de faire émerger le génie de ceux qu'ils côtoient dans leur pratique.

L'autre champ d'action se situe là où les enfants et les adolescents se retrouvent : ateliers créatifs, clubs de sport, maisons de jeunes, académies, lieux d'accueil extrascolaires, mouvements de jeunesse... bien sûr, mais surtout ce lieu incontournable que *tous* les enfants et les adolescents ont la chance de connaître, où ils peuvent s'ouvrir au savoir, découvrir l'héritage des générations qui les ont précédées, faire l'apprentissage de tous les outils qui leur donneront la liberté : penser, s'exprimer, parler, écrire, créer, apprendre à vivre ensemble par la solidarité, le respect de l'autre, la citoyenneté... Ce lieu vivant où adultes et enfants s'apportent mutuellement sens à vivre et plaisir d'exister : l'Ecole.

Repenser l'école : ce qu'elle pourrait être, ce qu'elle devrait être

Il faudra bien qu'un de ces tout prochains jours, on renverse le sablier, car les tout derniers grains s'écoulent, sonnant irrémédiablement le glas de l'école de Papa. Il faudra bien qu'un jour, on ouvre vraiment la plaie pour la nettoyer en profondeur

1 M.-R. MORO, *Aimer les enfants ici et ailleurs*, Odile Jacob, 2007, p.83-84.

2 S. GIAMPINO, *ibidem*, p.69.

3 Interview de Françoise Dolto par Dominique Simonet, pour Le Vif/L'express du 16/02/1990.

plutôt que d'ajuster vaguement le pansement en s'empêchant de respirer pour ne pas être trop incommodé par l'odeur qui s'en dégage.

Il faudra bien qu'un jour on arrête les "nouvelles mesures", les réformettes de surface, les emplâtres. Qu'on sorte de nos capital-périodes, bassins scolaires, retours aux fondamentaux, revalorisation du manuel scolaire, socles de compétences et autre discrimination positive même si tout cela, faisons-en grâce aux responsables que nous avons vu défiler au Ministère de l'Education, s'appuyait sur de bonnes intentions. Mais osons dire avec Jacques Liesenborghs [1] : *"Lire, écrire, compter : de fausses pistes ! Oui, même s'il est évidemment indispensable que tous les enfants y arrivent, mais c'est trop facile de laisser entendre qu'on a trouvé "la" solution aux problèmes de l'école... fausses pistes parce que réductrices et conduisant à des consensus de "bon sens", là où il faudrait avoir le courage de secouer les idées reçues et d'ouvrir de nouvelles pistes."*

Osons jeter à la poubelle (pas celle de l'inconscient, l'autre) les enquêtes PISA et autres évaluations comparées basées uniquement sur les repères d'une "société disparue" qui ont le front d'étalonner des pays comme, hélas, on étalonne encore des élèves (les bons, les cancres) sur base de données d'un autre âge. Les *"forts en thème boutonneux jusqu'à l'extrême"* [2] du Nord et du Japon qui renvoient à leur copie les nuls du Sud seront-ils vraiment adaptés à la société de mutation et d'incertitude qui a déjà commencé ?

Ce type de classement n'est-il pas en fait basé sur le même principe que l'étalonnage du Quotient Intellectuel qu'Albert Jacquard dénonce comme étant "une véritable trahison du sens des mots" car dit-il : *"Il ne s'agit plus de l'intelligence, mais du résultat d'épreuves – les tests – dont le critère de réussite est principalement la vitesse. Or, cette vitesse est certes une qualité dans la société occidentale telle qu'elle est aujourd'hui, mais elle ne représente nullement la valeur suprême si on comprend dans l'intelligence, l'imagination, l'émotion, la création, l'interrogation sur soi-même, le doute."* [3]

Non seulement ces enquêtes biaisent la pensée, mais font porter aux enseignants, ces personnes qui, avec les puéricultrices, les éducateurs, tous les gens qui s'occupent d'enfants, sont, selon Françoise Dolto *"les gens les plus importants d'une société"* [4], une responsabilité que leurs épaules à elles seules ne peuvent porter.

Comme le précise Jacques Liesenborghs [5] : *"Il faudrait donc soigneusement veiller à ne pas trop insécuriser, encore moins culpabiliser les enseignants. Ils sont*

1 J. LIESENBORGHS, *Oser penser l'enseignement de demain*, Le Ligueur, n° 22, 31 mai 2006.

2 J. BREL, "Rosa".

3 A. JACQUARD, *De l'angoisse à l'espoir*, Calman Levy 2002, Livre de poche, p.23.

4 F. DOLTO, réponse à Bernard Pivot dans "Apostrophes".

5 J. LIESENBORGHS, *ibidem*.

aujourd'hui des exécutants écartelés entre des missions généreuses – réussite de tous, citoyenneté – et des programmes doublés de la pression de certains "clients" qui provoquent sélection, exclusion, ennui..."

De plus, les enseignants doivent opérer une mutation professionnelle (mais leur formation les y prépare-t-elle ?) pour transmettre une somme de savoir qui augmente chaque jour et qui ne peut plus s'opérer seulement par le biais du "cours magistral" (même si on ne peut, et c'est heureux, tout à fait s'en passer) mais par une mise en condition des élèves pour qu'eux-mêmes aillent chercher les informations dont ils ont besoin. Il ne s'agit plus seulement d'être "face" à eux mais "à côté" d'eux, ce qui suppose pour l'enseignant d'autres façons de procéder (technique de petits groupes, suivi individualisé...).

Il s'agit aussi de trouver sa place dans le bombardement d'informations (télé, web...) que les jeunes reçoivent en zappant à tout crin. Parfois, à leur grand dam, le prof. n'est pas "zappable" et c'est tant mieux. Car il n'est pas en concurrence avec toutes les nouvelles techniques, mais en complémentarité avec elles et une de ses nouvelles missions est de les aider à utiliser ces "autoroutes de l'information" sans en devenir les esclaves.

C'est pointer là l'irremplaçable, l'incontournable présence humaine que l'enseignant personnifie, étant lui-même *Sujet* dont *l'enfant-Sujet, l'adolescent-Sujet* ne peut se passer. Le goût d'apprendre (que l'école est censée donner) passe d'abord par une rencontre.

Alors, abandonner les fausses pistes, tourner le dos aux enquêtes qui ne font justement que nous y ramener, renverser le sablier de l'école pour la mettre en phase avec le basculement que vit le troisième millénaire, y maintenir l'enseignant et ceux qui travaillent avec lui (direction, accueillants extra scolaire, personnel de cuisine et d'entretien, infirmière, P.M.S., A.M.O., centre de Planning, Associations sportives, artistiques...) comme vecteur essentiel de l'éducation. Pourquoi n'envisagerions-nous pas une nouvelle définition de l'école : *L'Ecole, un lieu polymorphe de transmission (1), d'éducation (2), d'éveil du désir de savoir (3), de découverte pour chacun de sa propre valeur (4), d'apprentissage de la vie au quotidien (5), de dialogue (6), d'initiation à l'art de vivre ensemble (7), d'échanges interculturels et intergénérationnels (8), de plaisir d'exister (9).*

Neuf chapitres, que nous ne développerons évidemment pas ici. Il faudrait tout un livre, et il y en a déjà tant sur l'école, la pédagogie, l'éducation !

Neuf chapitres sur lesquels, chacun, concerné par la question, pourrait laisser vagabonder son imagination, en faire un point de départ pour un groupe de réflexion ou quelques jours de formation continuée ou pourquoi pas la "devise du mois" (puisqu'il y a neuf mois d'école par année qui s'écoule) qui servirait de fil rouge au travail quotidien, de sujet de discussion avec les professionnels, les élèves, les parents, (...) et qui nous changerait un peu de la "semaine du beau langage", celle de "la politesse", ou de "l'hygiène dentaire".

Nous ne venons pas là d'inventer la poudre. Ces neuf thèmes sont en filigrane du fameux Décret "Missions" édicté par la Communauté Française de Belgique qui est sans doute le plus beau texte jamais écrit depuis la Déclaration des droits de l'Homme [1], qui place en priorité pour l'élève, le désir d'apprendre, la confiance en soi, la citoyenneté, le respect de la différence et l'égalité des chances. Toutes les nouvelles pistes sont déjà là, mais en léthargie totale comme si la philosophie du décret n'était qu'une déclaration de principes, de bonnes intentions, mais frappée d'interdit.

L'école fonctionne depuis tellement longtemps sur le modèle qui l'a vu naître qu'elle pense sacrilège de le réinventer et de ne plus fournir les têtes bien pleines que la société lui commandait jadis.

Comme pour le Q.I. qu'Albert Jacquard dénonce, c'est ne considérer l'intelligence que sous un seul angle, c'est oublier que l'enfant, l'adolescent n'est pas qu'un cerveau, mais un être relationnel, qui a un corps, un sexe, une vie affective, des émotions, un imaginaire, des peurs, un besoin de sens à tout ce qu'il entreprend, une soif de tout comprendre et jamais étanchée par le désir de grandir qui l'anime.

Bien sûr que la mission première de l'école est la Transmission du savoir, c'est le premier chapitre. Mais la question qui suit est : "Dans quel contexte ?".

Ce sont les huit suivants. Et tous ceux-ci conditionnent celui-là. Ils ne s'enseignent pas, ils se vivent. Ils ne se démontrent ni ne s'apprennent par cœur, ils sont mis en acte au jour le jour, pas seulement "au cours" mais à tout moment.

Comme à l'Ecole de la Neuville, dont la surprenante maxime n'est pas "Sois le meilleur", mais l'humble "On ne se moque pas" instituant là le respect fondamental de la Personne que chacun est en droit d'attendre. Parlant de cette école, Françoise

---

1 Décret "Missions" de l'enseignement fondamental et de l'enseignement secondaire, 1997. Décret définissant les missions prioritaires de l'enseignement fondamental et de l'enseignement secondaire et organisant les structures propres à les atteindre.
Extrait du Décret du 24/07/1997 paru au Moniteur Belge le 23/09/1997 :
Chapitre II – Des objectifs généraux de l'enseignement fondamental et de l'enseignement secondaire
Article 6. – la Communauté française, pour l'enseignement qu'elle organise, et tout pouvoir organisateur, pour l'enseignement subventionné, poursuivent simultanément et sans hiérarchie les objectifs suivants :
1° promouvoir la confiance en soi et le développement de la personne de chacun des élèves ;
2° amener tous les élèves à s'approprier des savoirs et à acquérir des compétences qui les rendent aptes à apprendre toute leur vie et à prendre une place active dans la vie économique, sociale et culturelle ;
3° préparer tous les élèves à être des citoyens responsables, capables de contribuer au développement d'une société démocratique, solidaire, pluraliste et ouverte aux autres cultures ;
4° assurer à tous les élèves des chances égales d'émancipation sociale.

Chébaux [1] dit : *"Cela fait plus de trente ans que cette école invente un lieu de vie ou rien ne se décide sans les enfants, sans en discuter avec eux. Pourtant, ni eux, ni les adultes ne sont au centre du système. C'est* **la loi** *qui occupe le centre, celle à laquelle chacun est soumis, celle que tous construisent au fur et à mesure des incidents du quotidien. La Loi du Vivre-Ensemble, celle des responsabilités individuelles et collectives partagées. Ecole du Sujet qui pose les limites du droit de se faire respecter et du devoir de respecter l'autre dans un projet commun."*

Ce qui fait peur et nous retient de mettre réellement le Décret "Missions" en application, c'est peut-être que donner la parole aux élèves, débattre avec eux, répondre à leur demande (les horizons qu'ils nous proposent : voir plus haut), c'est perdre la maîtrise qui rassure tant les adultes, c'est ne plus être en position de pouvoir, seul détenteur du savoir, c'est casser la hiérarchisation rigide de l'école et la précipiter dans la chienlit. Or justement, la Loi qui triangule chacun avec les autres protège aussi chacun à *la place où il est*, garantit donc *l'autorité* qui est reconnaissance par les autres et non prise de pouvoir.

Discuter le règlement de l'école ave les élèves, leur donner des responsabilités (conseil de classe), une place dans les lieux de décisions (discipline, violence...), repartir de *leurs* demandes et de *leur* réalité (les médias, l'argent, l'habitat, le sport, la spiritualité, la sexualité, le monde du travail, le web, les blogs...) C'est non seulement leur ouvrir la porte de la Réflexion mais les rendre déjà acteurs de la vie, les sortir de cette position passive qu'on leur reproche tant et, par là, les aider à faire face à l'exigeante nécessité d'apprendre.

Passer à la vitesse de l'Humain, du Sujet, dans ce lieu de vie par excellence qu'est l'Ecole, suppose un saut dans l'inconnu et nécessite une prise de conscience et une collaboration de tous les acteurs, c'est-à-dire :

- Le Pouvoir Politique -

qui se devra non plus d'imposer réformes et directives "pensées en haut lieu" mais de :

- Soutenir les initiatives des écoles elles-mêmes et laisser libre cours à la créativité de chacune, subventionner des moments de concertation entre les différents acteurs de l'école, entre l'école et les parents, l'école et tous ceux qui pourraient apporter de l'extérieur une ouverture sur des sujets spécifiques (écologie, art, sport, spiritualité, sexualité).
- Repenser la formation de base des enseignants qui ne serait plus centrée seulement sur la pédagogie, mais ferait une large part à la dimension relationnelle, tant avec les enfants et les adolescents qu'avec les adultes : travail en équipe, relations avec les parents dans une politique d'alliance éducative, développement personnel.

1 F. CHEBAUX, *A l'école de la Parole. Les jeunes et la loi à l'école de la Neuville*, L'Harmattan, 2006. Voir aussi le texte de F. CHEBAUX, "Le petit soldat sans Autre", dans ce livre, p.78.

- Repenser la formation continuée des enseignants permettant des journées de réflexion et d'échanges à partir des situations vécues sur le terrain, indispensables moments de mise à distance du feu de la pratique pour se resituer, faire le point, redéfinir sa place, ses objectifs.

- Toujours dans le cadre de la formation continuée, permettre aux enseignants de se *ressourcer* dans des associations, des entreprises, des milieux différents pour vivre d'autres expériences, rester attentifs aux réalités que vivent les jeunes ou qui font loi dans la société à laquelle ils préparent leurs élèves.

Sans doute faudra-t-il y investir des moyens supplémentaires et rien que d'y faire allusion, on peut déjà entendre les cris d'orfraie que les responsables politiques ne manqueront pas de pousser arguant par ailleurs que le budget est "déjà supérieur à la moyenne européenne".

Qu'on nous épargne ces comparaisons pour le moins aléatoires, relatives et culpabilisantes qui nous obligent à ramper, la queue entre les jambes, sous la barre des x % !

Comme le dit Philippe Meirieu : *"Tout se passe comme si l'éducation n'avait pas encore atteint un statut de vraie question sociale, comme si c'était encore, pour les petits enfants "une affaire de femmes et de couches-culottes" et pour les plus grands, une affaire d'organisation rationnelle des moyens dévolus à l'instruction ! L'éducation, pourtant si déterminante pour notre avenir, n'est pas encore reconnue comme une affaire sérieuse !"* [1] Et il rajoute : *"Rien ne m'agace plus aujourd'hui que cette nouvelle forme de pensée unique qui dit : "La prévention, on a déjà essayé... Ca ne marche pas ! Il faut passer à la répression..." Soyons sérieux : la prévention, on n'a jamais vraiment essayé. Il serait temps de s'y mettre !"*.[2]

Certes. Et de dépasser la peur de rentrer dans un nouveau modèle de société qui donnerait la parole non plus aux seuls décideurs (les adultes, les politiques, les chefs d'entreprises, les sacro-saints syndicats...) mais à tous ceux qui ont une voix : les femmes, les enfants, les handicapés, les "inadaptés sociaux", les exclus de toute sorte, les minorités "silencieuses", les malades, les vieux, et bien sûr, les jeunes qui, parce qu'ils n'ont pas encore fait le tour de toutes les déceptions qui nous font frôler, nous les adultes, cet étouffoir du désir qu'est la dépression, et parce qu'ils croient qu'un monde à la hauteur de leurs espoirs (et de ce qui fut les nôtres) est possible, nous aident, comme les marins, à "refaire le point" et retrouver le cap et la direction vers la vie. "*Faire le point sans imaginer que quelqu'un, quelque part, pourrait nous donner des repères immuables, fixes, comme il y avait autrefois des étoiles fixes.*" [3]

---

1 P. MEIRIEU, *L'enfant, l'éducateur et la télécommande*, Editions Labor, 2005, p.107. Voir aussi le texte de P. MEIRIEU, "Contre la déprime à l'école", dans ce livre, p.112.

2 P. MEIRIEU, *ibidem*, p.69.

3 J. FLORENCE, *Quels repères pour grandir*, 2002, p.102. Voir aussi le texte de J. FLORENCE, "A bâtons rompus", dans ce livre, p.49.

- Les parents -

Passablement mis à l'épreuve en ces temps-charnières, les parents doivent être particulièrement soutenus dans une politique de prévention digne de ce nom. Non seulement parce qu'ils sont naturellement les premiers modèles identificatoires de leurs enfants, mais aussi les premiers éduquants chargés de les aider à sortir du principe du Tout plaisir et à accepter le principe de Réalité que la Parole et la Loi structurent. Enfin, parce que sans leur adhésion, aucune alliance éducative avec les professionnels n'est possible. Il s'agit donc de les entourer, sans jamais rien leur imposer, dans le respect de leur intimité et de leurs compétences, en créant dès la naissance de leur enfant une "atmosphère" propice à la rencontre (entre eux et avec les professionnels de première ligne) à la réflexion, à l'échange autour de la question : "de quoi mon enfant a-t-il besoin pour grandir, pour trouver sa place dans la société aujourd'hui et demain ?"

Cet espace de réflexion devrait trouver sa place au sein de chaque école. D'autant plus qu'aujourd'hui, les parents soit n'osent pas y mettre le pied (familles immigrées ou gravement précarisées), soit envahissent complètement la sphère scolaire pensant "protéger" ou "défendre les intérêts" de leur progéniture. L'Ecole, si elle se veut ce "Lieu polymorphe" évoqué plus haut, aura un immense travail de conscientisation des parents pour qu'à leur tour, ils soutiennent le projet que l'école veut défendre. Ce n'est pas chose aisée, car chaque parent a, lui-même, été marqué par son propre passage à l'école et peut inconsciemment vouloir en découdre avec une institution qui l'a peut-être fait souffrir ou, au contraire, vouloir maintenir à tout prix l'Ecole de Papa garante d'un bon diplôme et donc d'un bon métier.

A ces derniers, comment faire comprendre par exemple qu'il est urgent de sortir de la ghettoïsation des écoles (parfois entretenue par certains établissements) en n'effectuant pas leur choix d'école uniquement en fonction de "l'Intelligence version Q.I.", départageant les "Ecoles de l'Elite" des "Ecoles Poubelles", mais en fonction du métissage, tremplin d'une adaptation sereine à une société qui ne sera demain qu'un extraordinaire brassage de cultures, de races, de philosophies, de religions. Une société riche d'identités plurielles et chatoyantes tournant résolument le dos aux "identités meurtrières" [1], recroquevillées sur elles-mêmes, terrassées par la différence, et sur les pauvres étendards de l'extrême droite : le sol, le sang, la soi-disant pureté de la race. *Il est temps qu'on parle. Il est temps qu'on se parle.*

Qu'on ouvre, entre tous les gens concernés, cet immense chantier de l'éducation confrontée à un nouveau siècle. N'attendons pas de quelconques "Etats Généraux de l'Education", mais commençons d'ores et déjà là où parents et professionnels se rencontrent tous les jours : dans chaque crèche, dans chaque école, dans chaque lieu où l'éducation est mise en acte. Qu'on fasse appel à des experts certes, pour lancer la réflexion, pour faire circuler la parole, soutenir un questionnement,

1 A. MAALOUF, *Les identités meurtrières*, éditions Grasset.

envisager tous les possibles, rassurer les inquiets, mais veillons à ce qu'ils soient de tous bords, pour que la réflexion ne vire pas à la pensée unique. Car face aux changements fondamentaux qu'il nous faut vivre, la tentation est grande, même pour des "spécialistes" de revenir aux vieilles recettes, de camper sur les solutions du passé. N'entend-on pas même des psychanalystes prôner le retour de la fessée ou jouer les cartomanciennes en prédisant un avenir funeste aux enfants adoptés par des homosexuels ?

Ils ont bien sûr le droit d'avoir des opinions personnelles, mais n'ont pas à les exprimer au nom de leur position d'experts ou au nom d'une approche de l'humain (la Psychanalyse) qui a mis dans l'éducation des enfants la parole à la place des coups et qui se garde bien de prédire un destin à partir d'une causalité.

- Les enseignants -

Nous avons déjà parlé d'eux, mais il nous paraît important de préciser encore que tous ceux qui s'occupent d'enfants, sont ceux que la société doit le plus "choyer" puisqu'ils sont bien souvent parents d'une part et donc susceptibles de recevoir tous les égards, mais aussi parce qu'ils prennent en charge les enfants des autres, profession qui implique certes une distance, mais qui ne se fait jamais du bout des lèvres ou "du bout des fesses", ni avec la fausse-attention-souriante-de-façade d'une hôtesse d'accueil. Il s'agit de se mettre à l'écoute de *chaque* enfant, de *chaque* parent, d'entendre ce que chacun dit, confie, exprime de lui en tant que personne.

Nous l'avons déjà pointé, cela suppose un engagement, une attention, une présence qui engage le professionnel non seulement dans une pratique, mais aussi en tant qu'être humain tout entier. *"Les recherches sociologiques ont montré que l'école obtient de meilleurs résultats quand les enseignants se définissent par leur rôle de communicants avec les élèves et non pas seulement par leur rôle professionnel d'enseignants"*, précise Alain Touraine.[1] *"L'enseignant n'est pas seulement dispensateur de savoir, évaluateur, mais quelqu'un qui écoute et répond aux besoins de l'élève en tant qu'individu"* [2], précise Marie-France Santoni Borne.

Nous avons déjà pointé toute l'importance de la formation continuée pour ces personnes qui prennent la lourde responsabilité de côtoyer des enfants et des adolescents. Ce n'est pas par hasard s'ils représentent la catégorie professionnelle où sévit le plus (comme dans tous les métiers dits de "l'attention") le burn-out, c'est-à-dire la dépression (on y revient) professionnelle. On l'a dit, le déclencheur de la dépression est la sensation d'impuissance, la perte de confiance en soi, l'impression de ne plus être "adéquat".

Faire face à la vitalité, parfois la violence des jeunes est déjà une épreuve de tous les jours, mais elle devient insurmontable dans une structure obsolète où chacun travaille dans son coin, ne peut s'appuyer sur une équipe, reste coincé dans le choc

1 A. TOURAINE, *ibidem*, p.245.

2 M.-F. SANTONI-BORNE, *L'élève au cœur*, Seuil, 2004, p.148.

frontal avec des jeunes de plus en plus interpellants, ne fait plus alliance avec les parents, avec les collègues, avec la direction, avec les services extérieurs, ne sort pas de sa solitude.

Tant qu'on ne passera pas à l'école "Lieu polymorphe" évoquée plus haut, tant qu'on s'accrochera à cette "pseudo maîtrise" des jeunes au profit du "Programme", on n'aidera pas les enseignants à retrouver la fierté de leur profession, l'enthousiasme et le goût du risque que suppose ce métier. Encore faut-il bien sûr qu'eux-mêmes aient envie de tenter l'aventure… *"Si on n'est pas d'abord motivé par la matière qu'on enseigne et, surtout par ceux à qui on l'enseigne, je ne vois pas très bien l'intérêt de faire ce métier, au demeurant difficile et exigeant."* [1]

Une société qui évolue, c'est clair, oblige à faire des choix. Il ne s'agit pas de revenir à ce véritable apostolat qu'étaient les "métiers du cœur", qui supposaient comme pour le métier d'infirmière de s'y vouer corps et âme et de ne pas se laisser "distraire"(d'où l'obligation de célibat !) par une vie privée,[2] mais de soutenir la motivation parfois chancelante des enseignants si peu préparés à la rencontre avec les enfants, les adolescents, les parents d'aujourd'hui.

Cela suppose de repenser la formation de base, dans laquelle, selon Chantal Letor, *"une quatrième année d'étude axée sur la communication, la psychologie, l'écoute de soi et de l'autre, le relationnel, tout ce qui anime un être humain appelé à rencontrer dans sa pratique d'autres êtres humains ne serait vraiment pas un luxe."* [3]

Cela suppose, en cours de carrière de soutenir la créativité. Ce qui veut dire de ne pas enrégimenter les enseignants dans les diktats des programmes, de ne pas les fonctionnariser dans les effets pervers de la nomination, mais de leur donner le temps de se rencontrer, de prendre du recul, de se former à d'autres disciplines, de retrouver une image valorisée de leur métier, de sortir de la solitude.

"On ne devrait jamais laisser un enseignant seul ! C'est un métier passionnant, mais très difficile et on a besoin des autres pour réfléchir, se remettre en question, évoluer, tenter de nouvelles expériences et surtout, se sentir soutenu dans un projet commun. C'est l'équipe qui donne confiance et cette confiance est indispensable dans un métier qui s'invente tous les jours." [4]

---

1 M.-F. SANTONI-BORNE, *ibidem*, p.154.

2 C. LETOR, "Enseigner, un métier relationnel", in *Parents, Enseignants... La Guerre Ouverte ?*, Editions Couleurs Livres, 2007 p.87.

3 C. LETOR, *ibidem*, p.93.

4 C. LETOR, *ibidem*, p.93.

Agir

Prévenir la fatigue (des autres, de la vie, de soi...), c'est favoriser d'entrée de jeu (et donc dès la naissance) ce par quoi l'être humain se spécifie et ce qui le nourrit : l'attention portée à lui-même par son entourage, la valorisation de ce qui le rend unique, le plaisir (s'il ne se sent pas en danger) de rencontrer d'autres êtres, le besoin de trouver du sens dans un projet (matériel, éducatif, collectif, artistique...) qui profite à quelqu'un qui n'est pas seulement lui. De n'être traité ni comme un animal ni comme un assisté, ni comme un malade, ni comme une marchandise, mais comme un *sujet* au sens où l'entend Alain Touraine, en l'occurrence *"un être de culture, désenclavé des grands mouvements sociaux, aujourd'hui obsolètes, développant sa propre créativité individuelle sans pour autant tomber dans l'individualisme forcené car concerné par le "souci des droits humains universels et la citoyenneté."* [1] Sujet aussi dans le sens où l'entend la psychanalyse – enfant sujet de son histoire – c'est à dire capable de se déprendre du discours tenu sur lui et autour de lui et sachant assumer la solitude inhérente à l'autonomie, dans le respect et de l'autre et de la Loi. L'un n'allant pas sans l'autre.

Les jeunes qui ont répondu à l'enquête que nous avons mentionnée ont raison, la société d'aujourd'hui fait peur. Ils perçoivent bien que nous avons perdu le contrôle de la marche des choses et nous devancent en proposant d'autres horizons. Ils ont pour nom : Echanges, Multi culturalité, Humanisation, Parole Personnelle, Action Collective, Citoyenneté Planétaire.

Vaste programme, mais véritable projet de mise en échec du sentiment d'impuissance et contre-offensive salutaire par rapport au désespoir ambiant.

Mais pour que cela ne se réduise pas à des rêves d'adolescent (et une désillusion supplémentaire), c'est dans le concret de la vie de tous les jours qu'il faut mettre les choses en pratique : militer pour les sans-papiers, ouvrir un magasin Oxfam dans son école, participer à sa vie de quartier, créer un lieu de rencontres pour de jeunes parents, devenir mamie-conteuse dans une école maternelle, faire du bénévolat dans une association, imaginer une émission de radio ou de télé qui donne la parole aux jeunes, lancer un comité de chômeurs, d'échanges de savoir, d'alphabétisation... Tout est à prendre et tout y contribue.

Faire échec à la dépression, c'est éviter les rêves de grandeur et "balayer devant sa porte". Lutter contre la pollution (de la sinistrose entre autres), c'est tout simplement d'abord trier sa poubelle...

Mettre en acte cette "philosophie des petites choses", cet Esprit du "Micro Crédit", amène deux conséquences :

1 A. TOURAINE, *Un nouveau Paradigme*, Fayard, 2005. Biblio essais 2006, p.144.

- Elle remet chacun, quel que soit son âge, sa profession, ses croyances, dans une position d'acteur (de Sujet) et déjoue l'effet pervers généré par l'Etat Providence qui a transformé petit à petit "l'Assujetti" en consommateur passif néanmoins particulièrement exigeant quant au respect de "ses droits" (à la Sécurité sociale, aux allocations de toutes sortes) et s'illusionnant d'une société "risque zéro" (assurance bagage, assurance ensoleillement, assurance moustiques, assurance décès...).
- Elle suppose une remise en question radicale au niveau politique, car *"ce que nous vivons est la Destruction de la Société, c'est à dire de la vision sociale de la vie sociale, de l'ensemble des catégories dans lesquelles nous vivons comme dans une armure depuis plus d'un siècle."* [1]

Bien sûr, il faut laisser le temps au politique de s'adapter au basculement d'un nouveau siècle.

"L'honneur de la politique, l'honneur de la démocratie, son miracle, son exploit est d'offrir – hors tout affolement, hors toute résignation, hors toute fatalité – des solutions plurielles pour le mieux-être des personnes. La grande question, l'immense, l'indépassable, l'éternelle question est la simple, la plus nécessaire et la plus évidente des questions : celle du bonheur des personnes, des liens d'attachement et de l'amour dont vivent et s'épanouissent les hommes et qui les ouvrent au monde et qui les engagent vis-à-vis d'autrui. S'autoriser à parler du bonheur, de l'intimité des personnes, de la qualité de leur vie privée en garantie des équilibres de leur vie publique ; dire que la vie toujours s'instaure dans l'attachement et se tisse de liens, à tous les âges de la vie sont des valeurs "politiques fondamentales en démocratie".[2] Mais il faut bien constater que le soutien à la famille, à la vie communautaire, à la prévention se résume encore à quelques allocations (familiales), quelques congés (parentaux) et à la réponse "thérapeutique" du siècle passé (centres de soins en tous genres). L'alternative de ce type de politique étant d'attendre que les pots soient cassés et d'investir dans le sécuritaire : agents de "prévention" au statut ambigu, caméras de surveillance, stages parentaux (pour les parents "irresponsables"), commissariats dans les écoles, construction de prisons pour les jeunes... Il ne s'agit pas de diaboliser ces initiatives et d'entériner, ce faisant, le vieux clivage parfaitement obsolète entre "la gauche" (prévenir) et "la droite" (punir).

Toute personne confrontée à la mission d'éducation sait bien qu'elle ne peut se passer ni de l'un ni de l'autre et que l'art d'éduquer réside dans cet alliage subtil entre soutenir les potentialités de celui qu'on éduque et lui montrer clairement de par l'autorité (et non le pouvoir) que sa place lui confère que la transgression d'une

1 A. TOURAINE, *ibidem*, p.145.

2 E. DESMED, Président de la Ligue Belge des Familles, discours de clôture de la journée internationale des familles, 15 mai 2007.

règle qui permet le "vivre ensemble" (en famille, à la crèche, à l'école, en société... partout où il y a "des autres") n'est pas acceptable. La punition porte sur un acte, pas sur une personne. La punition n'est pas une vengeance, mais une sanction appliquée au nom d'une loi qui triangule le rapport d'humain à humain. Un état ne pourra donc, à son corps défendant, se passer des moyens dont la justice a besoin pour faire respecter chacun et hisser une société au dessus du niveau de la jungle. Mais il est aussi de son devoir de ne pas faire de la sanction une fin, mais toujours un moyen. De permettre à un être humain quelque soit l'acte qu'il a commis, non seulement de se racheter, mais de trouver l'opportunité de retrouver, outre la dignité, les outils pour développer ses potentialités ailleurs que dans la délinquance.

Si la logique de la prévention est "de fermer une prison et d'ouvrir une école", la logique du respect du sujet est de faire de *toute* prison une école, c'est-à-dire un lieu où chacun devrait retrouver le respect de lui-même, la mesure de ses erreurs, le sens de ce qu'il est au diapason de ce que sont les autres. Un lieu d'humanité où il devrait trouver la place qu'il pourrait occuper lorsqu'il sera libéré et le soutien nécessaire pour y accéder. C'est certes l'esprit de ce qu'on appelle "L'aide à la jeunesse", mais pourquoi donc cet esprit ne pourrait-il pas irradier le monde judiciaire tout entier et devenir "L'aide au Sujet" ? Et tordre le cou et tuer dans l'œuf cette négation de la dignité humaine qui s'immisce en tapinois : mosquito pour éloigner les jeunes qui sont tous "forcément" délinquants, produits répulsifs pour éloigner les S.D.F., les sans-papiers, tous ces humains qui font désordre, qui nous insécurisent, mais qui nous obligent aussi à réfléchir, à remettre en question la société que l'économie triomphante et la "furor sanandi" nous aidaient si bien à oublier...

La révolution aujourd'hui serait de redonner à l'humain sa place.

Ecoutons simplement quelques grands Témoins de ce monde qui, à travers ce qu'ils disent chacun, semblent dialoguer ensemble, se répondre et montrer la route.

"Il est clair que le premier devoir de toute collectivité est d'intégrer en elle chaque promesse d'homme qu'est un nouveau-né et de lui apporter ce qui lui permettra de réaliser cette promesse, de lui proposer un destin digne de ce potentiel. Toutes les autres fonctions sociales doivent être au service de cet objectif." [1] *"Je n'ai qu'une chose à dire aux hommes politiques : c'est de zéro à six ans que le législateur devrait le plus s'occuper du citoyen."* [2]

"Nous avons fait l'humanité et elle nous a transformés. Il ne s'agit pas d'un cercle vicieux constamment recommencé, mais d'une spirale vertueuse faisant toujours apparaître des possibilités nouvelles. La nature a produit au terme provisoire d'une

---

1 A. JACQUARD, *Sciences et croyances*, Ecriture, 1992.

2 F. DOLTO, *La cause des enfants*, Editions Robert Laffont, 1985, p.373.

longue évolution, des individus ; nous, nous avons créé les personnes... La Personne appartient à l'ordre du sacré..." [1]

"Un trop grand nombre décroche. L'avenir leur paraît bouché. Beaucoup d'adultes sont désenchantés. Gare à toutes les formes de replis et de rejets (communautaristes, sécuritaires, ...) dans un monde qui a grand besoin d'engagement, d'innovation, d'audace, de justice et de paix." [2]

"Mais ce combat n'est pas perdu d'avance, car le sujet s'efforce de créer des institutions et des règles de droit qui soutiendront sa liberté et sa créativité. La Famille et l'Ecole notamment sont l'enjeu de ces batailles." [3]

"Nos sociétés se retrouvent face à la nécessité de faire vivre ensemble des humains de toutes sortes et de tous âges ; sans aucune idéologie reconnue du lien. Sans théorie de la personne humaine." [4]

"Cette nouvelle étape ne pourrait être atteinte qu'en révolutionnant partout les relations entre humains, depuis les relations de soi à soi, de soi à autrui et entre proches, jusqu'aux relations entre Nations et Etats et aux relations entre les hommes et la technobureaucratie, entre les hommes et la Société, entre les hommes et la connaissance, entre les hommes et la nature." [5]

"Cette action est déjà manifeste, par exemple dans les mouvements écologiques et dans ceux qui luttent contre la globalisation." [6]

"La véritable mondialisation ne doit pas être celle de la finance, du commerce, elle doit être celle de la culture, à condition de préserver la diversité et le respect des différences. Autrement dit, il faut mettre en place une démocratie planétaire de l'éthique." [7]

"Pour moi, il existe un principe éthique fondamental : je ne peux pas savoir ce qui se passe dans la tête de l'autre et aucun système d'interprétation ne me permettra jamais de l'appréhender complètement... même si par malheur nous y arriverions, nous n'en n'avons pas le droit. Car l'opacité assumée de la conscience de l'autre est la condition de l'éthique... si sa conscience ne me reste pas impénétrable, je ne peux engager avec lui un rapport de Sujet à Sujet." [8]

---

1 A. JACQUARD, *ibidem*, p.106-107.

2 J. LIESENBORGHS, *ibidem*.

3 A. TOURAINE, *ibidem*, p.384.

4 C. DOLTO, Colloque des ONG, Fonction éducative de la famille et mutations culturelles, Unesco 12.3.92.

5 E. MORIN, *ibidem*, p.117.

6 A. TOURAINE, *ibidem*, p.385.

7 A. JACQUARD, *ibidem*, p.100. Voir aussi le texte de A. JACQUARD, "Lucidité ou utopie", dans ce livre, p.90.

8 P. MEIRIEU, *ibidem*, p.139.

"L'Ethique du genre humain, c'est-à-dire de civiliser la terre dans le respect du mystère de l'autre et de la diversité. Il s'agit de mouvements qui envisagent une citoyenneté terrestre. Lorsqu'on pense à cela, et alors que beaucoup nous disent qu'il n'y a plus de "grandes causes" comme par le passé, je vois là une cause gigantesque..." [1]

Don Quichottesque peut-être ? Et pourquoi pas ? Et pourquoi en aurions-nous honte ? Après tout, le "chevalier à la triste figure" luttait aussi, dérisoire, pathétique et néanmoins sublime contre les ravages de la dépression. Mais nos moulins à nous sont bien réels : ils ont pour nom : Consommation, Nivellement par le bas, Mépris de l'Humain, Négation de l'Etre, Haine de l'autre, Haine de soi. Et nos armes sont d'un autre tonneau : nous ne sommes pas que les immondes artisans de l'holocauste, de l'esclavage, de la violence faite aux femmes, de la perversion, de la pédophilie et d'autres vilenies.

De tous les ratés de notre histoire, nous sommes capables d'être les juges. A quelle aune si ce n'est celle qui est en nous. N'oublions jamais que nous avons aussi inventé l'Homme. Et que donc nos ressources sont à sa Mesure !

Mais c'est à chacun de nous de remettre l'Homme au centre du débat. En commençant par nous-mêmes. Car se maltraiter, c'est accepter implicitement que les autres le soient. Se bien traiter, c'est reconnaître que les autres y ont droit. On ne donne à l'autre sa dignité qu'en confirmant la nôtre. En se revendiquant victimes, nous sommes dupes de nous-mêmes, car nous pensons charger l'autre alors que nous ne faisons qu'accepter d'être notre propre bourreau. Là, ne chargeons pas le politique ou qui que ce soit de ne pas nous venir en aide. C'est la dignité du Sujet de ne pas tout attendre de l'Autre mais de trouver en lui-même matière à vivre. Mais qu'il se rassure, il n'est pas seul.

Puisque nous sommes des êtres de Culture et que, souligne Albert Jacquard, *"Nous avons inventé quelque chose que la nature n'était pas capable de faire : la prise de conscience des hommes les uns par les autres."* Et il rajoute : *"C'est là le rôle de l'éducation."* [2]

L'éducation, c'est-à-dire traiter en Humain chaque être humain dès la naissance pour que dans la sève inépuisable de la relation aux autres il puisse s'aimer lui-même, entrer en citoyenneté, mais aussi vivre plus au moins sereinement la solitude qui va de pair avec le fait qu'il est *lui* et ne sera jamais *l'autre.*

Comme le dit Jean-Michel Longneaux, *"Il faut sortir de l'isolement bien sûr, mais aussi accepter la solitude parce qu'elle est inhérente à l'humain."* [3]

---

1 E. MORIN, *A propos des Sept Savoirs*, Editions Pleins Feux, 2000 p.52.

2 A. JACQUARD, *Une éducation sans autorité si sanction ?*, Grasset, 2003, p.17.

3 J.-M. LONGNEAUX, Emission "Quand les Jeunes s'en mêlent", 21/10/06. Voir aussi le texte de J.-M. LONGNEAUX, "La souffrance des passionnés n'existe pas", dans ce livre, p.139.

Du bienfait de nos fragilités... [1]

Ah ! Ne pas perdre ce qui en nous, fait la grandeur de l'homme.

"Nous, d'une autre trempée et d'une singulière extase, nous de l'épique et de la déraison." [2]

Mais prendrions-nous conscience de cette fureur de vie en nous, si nous n'avions par ailleurs ces mises en abîme qui nous font presque désespérer de tout ?

C'est ce "presque" qui nous protège, c'est ce "presque" qu'une société, mettant enfin la Personne à La place qui lui revient, nous garantirait.

Mais ne nous leurrons pas !

Une société qui se préoccuperait vraiment du Sujet et donc nous préserverait du pire, ne nous épargnerait pas pour autant les moments de doute, les estompements du désir, les assombrissements du Sens.

Se cogner à la réalité, constater que *"le temps est assassin et emporte avec lui les rires des enfants"* [3], que *"la vraie fin du monde s'avance à notre rencontre et qu'aucune Jérusalem nouvelle, après son passage, ne se dresse à notre horizon"* [4], ne peut que nous faire perdre momentanément le goût de vivre.

Mais ces moments de doute, pour douloureux qu'ils soient, nous obligent à ré-aménager notre espace intérieur, à mesurer le pourcentage d'erreur qui nous fourvoyait dans notre appréhension tant du monde que de nous-même.

Moments d'insécurité parce qu'ils remettent en question nos certitudes et font trembler le fragile échafaudage de notre identité, cette colonne vertébrale symbolique qui nous fait tenir debout.

Mais moments créateurs aussi parce qu'ils nous font découvrir en nous des ressources "dormantes" qui ne se révèlent que lorsque nous sommes poussés dans nos derniers retranchements, mis sans ménagement face à nos fragilités.

Moments de retour à notre vérité (celle qui se confond avec le Sens) enfin.

Comme dans le travail d'une psychanalyse, ces moments torpillent les faux-semblants, leurres et chimères qui nous tenaient lieu d'étançons et nous faisaient négocier chèrement le prix de nos pseudo-culpabilités.

---

1 Merci à A. JOLLIEN, auteur de Eloge de la faiblesse.

2 L. FERRE, "La violence et l'ennui".

3 RENAUD, "Mistral gagnant".

4 J.-C. CARRIERE, *Fragilité*, Odile Jacob, 2006.

La souffrance, quand elle n'est pas masochiste, a un effet salvateur et, à tous ceux qui en sentent les prémisses, nous pouvons conseiller avec le Rabbi Nahman De Braslav *"Ne demande pas ton chemin à quelqu'un qui le connaît... Tu ne pourrais plus t'égarer !"* [1] Ne t'appuie jamais sur une certitude, ni ne te satisfais d'une quelconque maîtrise des choses, ces deux menteuses n'ont de cesse que de te détourner de toi-même alors que ta sagesse n'est pas plus loin que les lignes de ta main.

Un poème populaire japonais dit :

> *"Telle est la vie*
> *tomber sept fois*
> *et se relever huit"*

Je l'ai lu sous cette forme, c'est-à-dire celle d'un haïku, il y a de longues années, à peu près dix ans avant ma dépression. Je l'avais noté dans mon carnet et m'étais déjà interrogé à l'époque sur la beauté lapidaire, la vérité de ces trois petites lignes." [2]

Mais cette sagesse ne s'enseigne pas. Car aucune main ne ressemble à une autre et le destin qu'on dit inscrit au creux de ses lignes est différent pour chacun.

"Il faut aller au plus difficile", conseille Rainer Maria Rilke.[3] Même si certains tentent de nous aider, ni les hommes, ni les livres ni qui que ce soit, ni quoi que ce soit ne nous dispenseront de payer cash une créance que personne n'endossera pour nous. Elle sera juste un peu moins lourde parce que partagée, un peu moins terrifiante parce que solidaire, et nous permettra d'éviter la phase de désespoir extrême, celle dont on ne revient pas.

Le temps d'une vie. Le temps de revenir de toutes les illusions.

A commencer par la première, mais qui nous hantera toute notre vie, celle de l'Amour total, du Bonheur Parfait, de la Plénitude.

Accepter qu'il y aura toujours un espace, un vide, un décalage entre toute relation humaine. Fantasmatique "bienheureuse" fusion avec l'Autre !

Fusion qui heureusement n'existe pas puisqu'elle nous maintiendrait dans le magma originaire, nous interdisant d'advenir à nous-même. Nous sommes chacun frappé du manque, mais c'est par cet interstice que l'humain se révèle, que le souffle de chacun peut naître et se reprendre à pleine goulée.

---

1 R. N. DE BRASLAV.

2 P. LABRO, *Tomber sept fois, se relever huit*, Edition Albin Michel, 2003, p.208.

3 R. M. RILKE, "Lettre à un jeune poète".

C'est dans cet espace que "l'art du vivre ensemble" peut se déployer, à la fois soutenu, protégé et frustré par l'interdit que la Loi institue.

Certes, ce qu'on y perd en fantasme n'est pas intégralement remboursé par la fulgurance des rencontres, des émotions, des coups de cœur.

Mais en souffrir encore et encore, c'est n'être pas tout à fait guéri du fantasme. Peut-être, pour certains, faut-il encore plus que le temps d'une vie...

Et de toutes les autres. Illusions sur soi, sur les autres, sur l'évolution du monde... De toutes, il nous faudra faire le deuil. On sait que faire le deuil d'une personne chère prend du temps. Souffrance, colère, culpabilité, impuissance, tout y passe.

Dans l'ordre ou dans le désordre.

Mais le temps fait son œuvre.

Un jour, celui ou celle qui nous a quitté n'est plus au bout du monde. Etrangement, cet être nous est plus proche qu'il ne le fut jamais.

Faire le deuil de quelqu'un, c'est accepter qu'il vive en nous plutôt que hors de nous, qu'il fasse partie de ce que nous sommes devenus aujourd'hui et que sa présence physique ne soit plus nécessaire pour suivre le ruban des années qu'il nous reste à parcourir.

En va-t-il de même pour les illusions ? Nous qui vivions "grâce à elles", comment, un jour, vivre "sans" elles ? Leur deuil est-il possible ? [1]

Après être passé par tous les sentiments, dans l'ordre ou dans le désordre, comment s'opérera la "guérison" du temps ?

L'être cher était co-existant de nous. Il n'était pas l'avenir que nous espérions atteindre. Il nous a lâché la main. Seul, nous pouvons continuer le chemin.

L'illusion, elle, était en ligne de mire. Comment continuer à vivre, nous qui avons tant besoin d'horizon, quand l'avenir lui-même se dérobe ?

1 Voir dans le livre de J.-M. LONGNEAUX, "La souffrance des professionnels n'existe pas", p.133.

Pour conclure momentanément

"Ils sont venus nous dire
D'aimer nos différences
...
Ils sont venus nous dire
De taire nos violences
...
Regarde-les venir,
Les oiseaux magnifiques.
Ils portent l'Espérance
...
Ils portent l'Espérance
Les enfants de novembre" [1]

"Most of the time
I'm strong enough not to hate
Most of the time..." [2]

C'est pourtant le temps, une fois de plus, qui nous viendra en aide. C'est lui le plus fort, c'est lui le Maître du Monde, puisqu'il n'a que faire "d'ici et maintenant", puisqu'il nous survivra.

Entre "désillusion(s)", premier mot de ce texte et "dépression", il y a un temps mort, une respiration, un souffle (les musiciens jugeront), un espace où le temps vient prendre sa place et nous invite à écrire une autre phrase, une autre partition.

Une partition qui s'écrirait sur le temps du monde dont le tempo, le rythme, la cadence, le beat est aux antipodes de la scansion de nos vies soumises au joug du stress, de l'urgence, du "just in time", du "temps réel", d'Internet, des "deadlines... pour hier". Le temps du monde se fout bien de nos petits repères, de nos saisons et de nos dates d'anniversaire. Il se rit même de la longévité de la vie d'un homme. Il nous invite à déplacer l'horizon, à troquer nos illusions si fragiles, si vite balayées, si vite anéanties dans le misérable espace-temps de nos existences humaines contre une utopie qui aura le monde à l'usure, *qui a tout le temps* devant elle.

Ce qu'il nous propose, c'est de passer d'un objectif individuel, personnel, égocentrique, immédiat, à un projet collectif à long terme, de génération en génération. Deuil de nous-mêmes ! Castration certes, "mais symbolygène" dirait Françoise Dolto parce qu'au fond, elle nous libère de la prison de ce que nous pensions être et nous fait advenir à un espace nouveau.

Lequel ?

---

1 BARBARA, "Les enfants de novembre".

2 B. DYLAN, "Most of the time".

L'éternité !

Laisse la maîtrise, Petit Soldat, passe le flambeau ! Ne désespère pas, Petit Soldat, les renforts arrivent...

"L'éternité ?" disait Mousta Largo. *"Bien sûr que j'y crois à l'éternité ! Mais elle n'est pas ce vers quoi nous allons. Elle n'est pas devant nous, elle est derrière nous. L'éternité, c'est ce qu'on laisse à nos enfants."* [1]

Accepter qu'après nous, la vie continue. C'est peut-être en cela que nous sommes immortels

1 M. LARGO, "Tête à tête" avec Martine Cornil, RTBF 1ère, 29 septembre 2003.

"C'était au meilleur des temps, c'était au pire des temps, c'était l'âge de la sagesse, c'était l'âge de la sottise, c'était l'époque de la foi, c'était l'époque de l'incrédulité, c'était la saison de la lumière, c'était la saison des Ténèbres, c'était le printemps de l'espérance, c'était l'hiver du désespoir, nous avions Tout devant nous, nous n'avions rien devant nous...

A se trouver confronté à autant de vies au cours d'un laps de temps aussi bref, on gagne une nouvelle compréhension de soi-même et de sa place dans le monde. On se voit comme un élément d'un ensemble plus grand que soi, et on se voit comme un individu distinct, un être sans précédent, avec son avenir personnel irremplaçable. On comprend finalement qu'on est seul responsable de son devenir."

Paul AUSTER, "La Nuit de l'Oracle",
Traduit de l'américain par Christine de Bauf.

"Messieurs, Mesdames, les élu(e)s, donnez-nous envie de ressaisir la barre du navire plutôt que de chanter notre renoncement sur le Pont du Titanic."

Extrait de "Lettre Ouverte à nos élus", Pacte Ecologique Belge, p.15.

Les gens, il conviendrait de ne les connaître que disponibles
A certaines heures pâles de la nuit
Près d'une machine à sous, avec des problèmes d'hommes simplement
Des problèmes de mélancolie

Alors, on boit un verre, en regardant loin derrière la glace du comptoir
Et l'on se dit qu'il est bien tard...
Richard, ça va ?

Léo FERRE, "Richard".

Les poètes et les prophètes

Jacques LIESENBORGHS, enseignant [1] et ex-député.

Merci Philippe !

J'ai savouré par un bel après-midi d'automne ensoleillé la fougue, l'audace, la poésie et le courage d'une pensée qui refuse les fatalismes et les modes, d'une réflexion qui propose des voies et des voix pour construire un avenir plus fraternel, plus solidaire, plus égalitaire (si, si !) et plus joyeux. Le remède à toutes les formes de déprime. Merci.

Comme tu le suggères à juste titre, cela passe par la compagnie d'artistes plutôt que d'économistes.[2] Les poètes et les prophètes donnent le goût de vivre, d'oser, d'aimer, d'inventer, d'explorer, de créer du neuf. J'ajouterai à ton cercle d'amis un curieux personnage, trop méconnu, qui est à la fois philosophe, théologien et psychanalyste : Maurice Bellet. Et, en écho, deux citations de J.-C. Guillebaud. Voilà le lecteur prévenu...

Je me limiterai à évoquer ce que je connais le moins mal : le système scolaire et le métier (?) de parent. Tu es d'ailleurs un des seuls à avoir fait écho à mon invitation quelque peu iconoclaste à "oser penser l'enseignement de demain." [3] Article qui appelait à une profonde remise en cause de nos manières de concevoir l'école, ses programmes élaborés dès le primaire en fonction de l'université, les méthodes qui lui sont de plus en plus dictées par de soi-disant "impératifs" économiques : compétition, sélection, employabilité

Que dit Bellet ? *"Qu'avons-nous à transmettre ? Ce que nous avons à transmettre, c'est la vie. C'est pourquoi il convient que nous soyons des vivants !"* [4]

1 Auteur de *Ecoles, notre affaire à tous*, Couleur livres, 2008.

2 Sans généraliser ! Il y a quelques heureuses exceptions comme C. ARNSPERGER, *Critique de l'existence capitaliste, Pour une éthique existentielle de l'économie*, Cerf, 2006.

3 In *Le Ligueur*, 31 mai 2006, n°22.

4 In *Transmettre*, Bayard, 2006.

Transmettre ?

C'est bien cela qu'on demande à l'école : transmettre. Aujourd'hui, des savoirs saucissonnés (sans liens) et emmagasinés pour "passer" les examens... avant d'être pour la plupart oubliés ! Mais leur fonction principale – sélectionner – est remplie. Le gaspillage des "ressources humaines" est, à ce niveau, prodigieux et scandaleux Et ce gaspillage n'est pas neutre : il touche massivement les enfants des familles populaires dont les cultures ne sont pas celles en honneur à l'école.

Rien de bien "vivant" dans ce fonctionnement ! Aussi beaucoup de femmes et d'hommes, engagés dans les écoles de tous réseaux, souhaitent autre chose. Ces transmetteurs tentent des approches plus coopératives, plus humanisantes, plus créatives...

Mais souvent ils se heurtent aux rigidités du système, à des petits chefs tatillons, parfois à des parents trop soucieux de vitesse et de compétition. Ils se heurtent à tous ceux qui veulent que l'école prépare à un monde dur, impitoyable où il serait nécessaire d'éliminer les "maillons faibles"... pour faire sa place dans un univers infernal.

Voici comment J.-C. Guillebaud les voit ces profs "vivants" : *Je pense que les profs qui sont capables de transmettre croient à ce qu'ils disent. Ils habitent leurs paroles. Ils ne sont pas dans la récitation, la corvée, dans l'imposition magistrale d'un discours prémâché. Nos enfants ont un sixième sens. Ils comprennent au quart de tour que celui qui leur parle n'est pas tout à fait comme les autres. Il parle au premier degré. Il ne transmet pas un savoir mort, mais une partie de lui-même et de ses convictions".*[1]

La transmission, ça concerne aussi – au premier chef – les parents. Ils ont transmis la vie et ils sont appelés à une merveilleuse aventure : la transmettre encore et encore, tous les jours. Avant tout en "vivant" pleinement leur propre vie ! De couple, d'engagement professionnel et citoyen. Préoccupés, en toutes circonstances, d'humaniser le monde. En commençant par leur famille : en ouvrant le cercle chaud à la diversité, à la solidarité avec les voisins d'ici et de là-bas. Humaniser, c'est refuser toutes les formes de repli frileux, refuser la peur de l'autre entretenue par les médias de masse. C'est risquer, parier sur l'humain, appeler le meilleur dans l'autre.

Toutefois pas de naïveté ! *"La tâche urgente parmi les urgentes, c'est d'aider des femmes et des hommes à se faire prêts à supporter les chocs les plus durs, à traverser sans s'effondrer une crise dont l'ampleur nous est encore inconcevable".* Encore ce sacré Bellet.

Hélas oui, la barbarie n'est jamais très loin. Certains parmi nous ont connu la barbarie des camps de concentration. Pensés, organisés par des bourreaux "civilisés" qui

1 In *Entrées libres*, octobre 2006.

aimaient la musique, qui avaient étudié la philosophie. Des lettrés et des savants ! Et plus près de nous, l'Algérie, le Vietnam, les Balkans, l'Afghanistan, l'Irak... et toutes les guerres dites de "basse intensité" qui sont passées sous silence parce qu'elles ne fournissent pas d'images assez spectaculaires à nos médias avides d'émotions très fortes qui, à force de répétition, finissent par insensibiliser les spectateurs.

L'état de la planète ne peut que déboucher sur une "crise dont l'ampleur nous est encore inconcevable".

Le pillage des ressources naturelles, le scandale de la faim et des pandémies... alors que les médicaments et la nourriture sont disponibles ! L'enrichissement éhonté des uns et la misère insoutenable des autres... Et nous tolérons sur nos ondes publiques des slogans aussi indécents que "devenez scandaleusement riches".

Quelles priorités ?

Pas d'issue ? A mon avis, une seule issue : donner la toute première place à l'humain dans les familles, dans les écoles, dans les associations... Qu'est-ce à dire ? D'abord, avoir la simplicité de débattre ensemble : "Ne sacrifions-nous pas trop souvent l'humain sur l'autel du rendement ?". Tel enfant en difficulté qui ralentit le rythme. Tel bulletin qui appelle moins des sanctions que du temps pour parler, pour écouter, essayer de comprendre ce qui ne va pas. Tel incident qui devrait déboucher sur un "conseil" où chacun puisse être écouté et écouter les autres pour faire reculer la violence et adhérer à la loi qui doit protéger les plus faibles.

Ah le temps ! Prendre le temps nécessaire pour l'essentiel : que, dès la tendre enfance, le "tout tout de suite", le moi d'abord, le caprice... cèdent le pas à la joie, au plaisir d'une attente récompensée, d'un bonheur partagé, d'un temps long riche de découvertes inattendues. Au temps de la prise de distance, du recul souvent salutaire.

Que l'école, de son côté, soit lieu de socialisation, de découverte de l'altérité, de recherche patiente de la vérité, de travail coopératif, de refus de toute violence : creuset d'un projet de société aux antipodes de celle des marchands qui utilisent tous les moyens pour dicter leur loi.

Soyons clairs : cela veut dire qu'il s'agit de rompre avec certaines de nos habitudes, de nos manières de vivre et de penser. Accepter comme des cadeaux les remises en cause les plus radicales ! Refuser les discours lénifiants des décideurs, le "politiquement correct". Dénoncer les hypocrisies officielles qui aggravent l'ampleur de la crise. Mais, en plus de cette lucidité indispensable, soyons des "vivants" !

"Je pense que ce qui est à transmettre, c'est essentiellement une attitude, une attitude juste. Ce n'est pas le mépris absolu, ce n'est pas l'adhésion aveugle. C'est d'abord la

lucidité ; le courage sans faiblesse de faire la vérité, de voir ce qu'il en est. C'est aussi dans tout ce qui reste de marge, de jeu, faire tout ce qui est possible, dès maintenant possible, par rapport aux grandes exigences du respect de la nature, du respect de l'homme, de l'égalité, de la solidarité, de la préservation de l'avenir – et il apparaît que nous pouvons sans doute faire beaucoup plus que nous ne croyons". Dixit Maurice Bellet.

Voilà de formidables pistes pour sortir du fatalisme ambiant, de la dépression larvée qui nous guette tous peu ou prou.

Mais si nous prenons ces perspectives au sérieux, il faudra, je le répète, accepter et susciter autour de nous des remises en cause radicales des fausses priorités que nous assènent quotidiennement les publicitaires, les médias, certains politiques... toutes celles et tous ceux qui sont décervelés par les paillettes, le spectaculaire, le marché triomphant et l'idéologie du maillon faible dont on nous abreuve à satiété.

Comme nous le rappelle J.-C. Guillebaud, c'est à nous de choisir : *"Nous demeurons les dépositaires des valeurs fondatrices qui nous permettent tout simplement de vivre ensemble en tenant la barbarie à distance. Et ces valeurs – ces fondations – ne sont devenues ni obsolètes, ni superflues. L'égalité entre les hommes n'est pas une aspiration dépassée. La justice préférée à la vengeance n'est pas un archaïsme. L'espérance (...), l'exigence spirituelle (...). Le sens de l'universel, opposé au triomphe des identités et des exclusions, n'est pas un luxe. La délibération patiente et le choix collectif en lieu et place du "processus" ne sont pas des naïvetés.*

Or, ces fondations-là ne sont solides et structurantes que si nous choisissons qu'il en soit ainsi. Aucune d'entre elles ne va de soi. Aucune n'est "naturelle" ou garantie. Toutes sont le résultat d'une élaboration historique, d'une conquête, d'une lutte. En d'autres termes, elles réclament de nous – aujourd'hui comme hier – vigilance et volonté. Le monde de demain sera, en dernière analyse, ce que nous en ferons. C'est donc à nous qu'il incombe, quotidiennement, opiniâtrement, de "faire le tri" parmi les menaces et les promesses qui gisent, en désordre dans les replis du présent".[1]

C'est par nos choix que nous serons bien "vivants" !

---

1 In *Etudes*, janvier 2006.

A bâtons rompus

Jean FLORENCE, psychanalyste.

Marie Detaille : *Le monde est un peu déboussolé, non ? La nature est malmenée, la malbouffe gagne du terrain, la course au profit à tout prix fait fi du bien-être des travailleurs, les parents ont peur de l'avenir réservé à leur progéniture... Même les intellectuels ont décidé de se taire dirait-on ! Beaucoup de raisons d'être un peu désespéré non ?*

Jean Florence : Il y a deux voies pour considérer la situation du monde. Soit faire un constat de déclin, comme s'il y avait jamais eu un Age d'Or ! Soit se dire que le progrès peut-être qualitatif, mais qu'il est toujours en péril, qu'il n'est jamais infini. Oui, la terre peut s'épuiser. On peut dire : on est dans la M... mais on est pas dénué de possibilités, on peut s'entraider. Cessons de pleurer sur le déclin des absolus. Il y a de belles causes dans lesquelles s'engager, chacun à son niveau peut faire avancer les choses. Il y a toujours une alternative possible, elle peut être d'ordre social par exemple pour améliorer les conditions de vie. La notion "d'appartenance" a d'ailleurs beaucoup changé. Elle est moins localisée : les gens sont "inscrits" dans des réseaux associatifs et humanitaires qui dépassent les frontières, mais s'investissent aussi dans l'école de leur enfant, dans un parti, s'engagent dans une cause, etc. C'est très riche tout cela.

Marie Detaille : *Mais il y a aussi de plus en plus une fuite en avant, un rythme de vie qu'on ne peut freiner et dans lequel les enfants sont aspirés. Vous pensez qu'on peut vraiment sortir de cette spirale ? Comment selon vous ?*

Jean Florence : Dans la tempête, on cherche à maintenir le bateau actif et sécurisé, même s'il faut réduire les voiles.

Marie Detaille : *Certains disent qu'à l'heure où les moyens de communiquer se multiplient et s'intensifient, cela crée de plus en plus d'isolés.*

Jean Florence : Lorsque l'on parle d'un "déficit du lien social", de "perte de valeurs", de "désespoir face à la jeunesse actuelle"... Ce n'est pas quelque chose de neuf, c'est toujours le même discours de plainte formulé par les adultes à l'égard de la jeune génération n'est-ce pas ! Ce qu'il faut savoir, c'est que les valeurs des adultes ne sont pas éternelles. D'abord et avant tout, il faut écouter la jeunesse. On ne peut pas faire un travail de transmission à sens unique : les jeunes n'en ont rien à faire, car ils ont des valeurs, leurs propres valeurs, leurs propres modes de fonctionnement. Moi, je ne suis pas pessimiste quand je regarde mes petits enfants. Les jeunes, il faut surtout les écouter. Il faut leur faire confiance. La première condition de la transmission c'est : être attentif à qui on s'adresse *et* à ce qu'il est prêt à recevoir. Si l'adulte n'en tient pas compte, le jeune chahute, se rebiffe. Quelle est la structure d'accueil du message qu'on veut faire passer ? Chacun à sa place a le savoir de sa place. Même le bébé sait quelque part ce qu'il lui faut. C'est ce qu'on appelle "l'éthique spontanée du nourrisson". C'est pareil pour le jeune enfant, l'ado, l'adulte, le vieillard. La clé c'est le respect et l'intérêt porté à l'enfant, par rapport à ce qu'il attend de la vie. On est toujours en train de parler du respect du sujet dans les milieux psy *mais* il s'agit surtout de l'entendre ce sujet, d'entendre ce qu'il a à dire. Alors, la transmission est possible, elle peut avoir lieu, car c'est toujours une interaction.

Marie Detaille : *Vous parlez du respect de la parole de l'enfant, du jeune. Est-ce que justement on n'a pas été trop loin ? N'a t'on pas trop "laisse faire" au point que ce sont les enfants qui, déjà tout petits, font leur propre loi ?*

Jean Florence : Le respect de la parole de l'enfant ne consiste pas du tout à prendre ses demandes comme des injonctions, mais à prendre la responsabilité d'être son interlocuteur et, donc, de pouvoir le mettre lui-même devant ses responsabilités de sujet qui parle à des adultes auxquels il doit le respect. Le respect est au fond une exigence d'entrer dans un rapport réel, exigeant où chacun tient sa place.

Marie Detaille : *Je reviens depuis peu des Etats-Unis et ma foi, alors que tout est à portée de main – produits comme services – dans d'énormes "supermarchés-bunkers" anti-conviviaux, je me suis dit : mon Dieu, je ne voudrais pas de cela dans mon quotidien à moi.*

Jean Florence : C'est vrai, les petits commerces sont des lieux vivants d'échanges, mais ils disparaissent peu à peu au profit de magasins de mode, de salles de fitness, de supermarchés, de restos de bouffe rapide, etc. Ces "lieux naturels" de rencontre sont mis à mal. Mais les besoins de liens, eux, ne se tarissent pas. Les jeunes ont trouvé de nouveaux modes pour faire lien. Ils "msn", "tchatent", s'envoient des "sms" etc. Il faut que les adultes se dégagent de leurs propres modèles qui sont en déclin. Nous ne pouvons pas dire qu'il n'y a plus rien et nous devons être attentifs et réceptifs à ce qui est en train de se développer aujourd'hui. Nous devons le faire en tant que parent, mais aussi comme adulte, enseignant, formateur, professionnel. Les jeunes sont extrêmement actifs même si c'est en dehors de nos concepts.

Marie Detaille : *Et l'enseignement dans tout cela ? On entend que rien ne va plus. L'école peut-elle se permettre d'entendre chaque enfant dans sa singularité ? Y a-t-il un espace qui le permette ?*

Jean Florence : L'école doit être à l'écoute de quoi ? L'écoute c'est d'abord de savoir que les enfants ont des choses positives à nous dire, qu'ils ont à nous apprendre aussi. Ceux-ci n'ont pas seulement "des besoins d'apprendre" les choses de la génération au dessus. Les adultes doivent être capables d'un "renoncement à une position hiérarchique". C'est pareil pour l'enseignant. C'est important pour l'enfant de se sentir respecté pour ce qu'il est. Le respect est la clé du bonheur. Il y a toute une disposition et un dispositif d'esprit. Un enfant est dépendant du regard de l'autre, c'est essentiel qu'il se sente estimé. Le contraire peut causer une blessure très profonde. Vous savez, on peut briser des existences avec quelqu'un qui déploie trop d'amour propre pour asseoir sa position.

Marie Detaille : *Mais la réalité est aussi que l'école se trouve face à une agressivité croissante et qui va bien au-delà de la parole. Des parents déboulent dans l'école pour faire la leçon à l'enseignant. Il y a des passages à l'acte. La référence à la Loi a complètement disparu comme le dit Jean-Pierre Lebrun, auteur de "Un monde sans limites" ? On n'est pas dans le "jouir à tout prix" ?*

Jean Florence : La référence à la Loi n'a pas disparu : elle est même devenue excessive dans la mesure où on croit que c'est une Autorité supérieure ou transcendante... Ce qui déresponsabilise tout le monde.

Marie Detaille : *Ca sent le retour des extrémismes de tous poils et de toutes tailles. Les replis sur soi se confrontent à la puissante mondialisation des affaires. Le "retour" du religieux va à contre sens d'une recherche de spiritualité pour un rigorisme qui prône la haine. Les discours "sécuritaires", du "tout contrôle", du "le risque zéro" font recette... Comment un psychanalyste peut-il réagir à cette débâcle ? Y a-t-il des initiatives s'inspirant de la psychanalyse qui iraient à contre-courant ? Ou est-ce la fin de la psychanalyse elle-même ?*

Jean Florence : Je ne partage pas le jugement généralisant sur notre époque que posent certains de mes collègues. La psychanalyse n'est pas une idéologie ni une doctrine religieuse ou un discours qui pourrait, dans un monde laïcisé, en tenir lieu. Il y a des psychanalystes qui sont des praticiens d'une certaine discipline d'écoute et de parole. Mes convictions se fondent sur ce que m'apporte cette pratique personnelle et toujours singulière. Je me défie des généralisations ("tout fout le camp !", "Il y a une perte du symbolique" etc.). Nous ne sommes pas à même de nous prendre pour les diagnostiqueurs de notre monde, mais nous pouvons seulement témoigner, là où nous sommes, de ce dont sont capables les personnes en difficulté de vie lorsqu'elles sentent que leur parole est prise au sérieux. Pour le reste, nous sommes des citoyens comme tout le monde et nous avons à assumer ce rôle et éventuellement à militer pour des idées politiques qui vont dans le sens du respect, de la justice et de la liberté, mais il y a pour cela des groupements associatifs, des partis politiques. La psychanalyse n'est pas un parti politique !

Marie Detaille : *Donc, pas de quoi perdre le moral ? Vous paraissez optimiste.*

Jean Florence : Surtout : garder la distance... et l'humour. Surtout face à notre désespoir de voir que les bons vieux liens traditionnels ne sont plus là. Cà n'aide pas de se plaindre ! En plus, on nie ainsi la vitalité autre et l'inventivité autre qui sont en train de se développer. Restons positifs, sinon on tient un discours de vieux dinosaures !

Marie Detaille : *C'est la méthode Coué ou çà s'appuie sur une conviction profonde ? D'où vous vient cette conviction ?*

Jean Florence : De ma perception de personnes qui m'entourent, de mouvements nombreux et divers qui surgissent et protestent contre un certain cynisme, contre l'indifférence, contre les aliénations. Je me reconnais bien sûr davantage dans ces mouvements que dans les propos grincheux, ringards et catastrophés !

Marie Detaille : *Dans ce même ouvrage, Albert Jacquard parle de "son utopie". Pour vous c'est quoi l'utopie ? Est-ce bien sérieux de prôner l'utopie ? N'est-ce pas une façon de fuir la réalité ou d'éviter un peu facilement la désespérance ?*

Jean Florence : L'utopie c'est un autre lieu où le rêve a tous ses droits. C'est l'espace d'une respiration nécessaire, l'espace où l'imaginaire peut explorer de nouvelles possibilités, d'autres mondes... pour inspirer alors de nouvelles visions, de nouvelles actions. L'humanité n'a jamais pu se passer de désirer. L'utopie est aussi essentielle à la vie réelle et engagée que l'air que nous respirons.

Un pauvre con en train de vieillir...

Thomas GUNZIG, écrivain.

Dites,

Je vais profiter qu'on est entre nous pour me confier un peu...

Depuis quelques jours, je ne sais pas ce qu'il y a...
Depuis quelques jours, je ne sais ce que j'ai...
Je suis complètement déprimé.
Je me réveille le matin, je regarde par la fenêtre...
Et je trouve ça moche.

Ma fiancée me demande gentiment ce qu'il y a, je la regarde et vous savez quoi : je la trouve moche...
Et puis, mes enfants arrivent, pour faire des cumulets sur le lit et vous savez quoi : cette bonne humeur, moi ça m'énerve.
Et puis je vais me planter devant le miroir de la salle de bain, et là vous savez quoi : ce que je vois, c'est une vraie tête de con...
Un pauvre con en train de vieillir.

Je crois que je ne vais pas très bien.
J'ai l'impression que dans la tête, j'ai des vieux albums de Serge Lama qui passent en boucle.
Je suis malade.

Ca va, maintenant la vie je connais...
Je voudrais essayer autre chose...
Tout ça, ça a commencé l'autre jour, quand je faisais la file au Carrefour...
Il y a toujours des revues devant les caisses.
Je regardais les couvertures : y'avait un truc sur les résidences secondaires : rien que des belles maisons impayables dans de beaux endroits impayables avec des gens habillés avec des chemises en lin buvant des bourgognes.
J'ai regardé mon caddy : le jambon dégraissé, la mozzarella, le pain coupé, le haché porc veau.
J'ai eu le cafard.
C'était comme une marée à la mer du Nord.
Ca montait...
Ca commençait...

Il y avait d'autres revues : la revue psychologie "Penser Chat : sa priorité, son bien-être. Sa Philosophie, mangez, jouer, dormir".

Je ne sais pas pourquoi, j'ai pensé à Nicolas Sarkozy. Peut-être parce que juste à côté il y avait un Paris Match ou un Nouvel Obs avec des photos de ses vacances en Egypte. Avec sa chemise en lin blanc, ses super Ray-Ban, son top modèle à longues jambes. Avec son air un peu triste pour tous ceux qui n'ont pas encore compris que le système ça se trafiquait aussi simplement qu'une annonce pour une voiture d'occasion.

J'ai encore regardé mon caddy : les frites surgelées McCain prêtes à cuire commençaient à dégeler.
Je brisais la chaîne du froid.
Ca sentait la salmonellose.

Je l'ai entendu me répéter : "Ensemble pour faire gagner la France".
Et puis, je ne sais pas pourquoi, je me suis souvenu de la présidentielle, de tout ce milk-shake avec Royal, Strauss-Kahn, Delanoë et Fabius.
Et puis j'ai repensé à la définition du mot "socialisme" : doctrine d'organisation sociale qui entend faire prévaloir l'intérêt et le bien général,
sur les intérêts particuliers, au moyen d'une organisation concertée".
Je vous assure que ma déprime a encore grimpé d'un cran.

Il y a avait un autre magazine : un truc avec des photos de Yann Arthus Bertrand.
Je déteste Yann Arthus Bertrand.
C'est ce type qui a fait "La Terre vue du Ciel", cet énorme bouquin vert qu'on retrouve sur toutes les tables basses du monde.
"La Terre Vue du Ciel".
Prétentieux bonhomme.
Par ce que vue d'ici, je veux vous dire une bonne chose, Monsieur Bertrand : c'est moche.
C'est gris, c'est mouillé, c'est l'automne.
Les autoroutes du Nord, la vue sur les terrils, les stigmates de la catastrophe sociale.
"La terre vue du sol", ce sera mon livre de photos à moi.
Ce sera triste.
Ca donnera à tout le monde envie de s'enfuir.
On a tous envie de tirer mais on ne peut pas.
Je me sens comme Michael Scofield dans Prison Break.
Avec tous mes plans d'évasion qui tombent à l'eau.
Et dire qu'il y aura cinq saisons...

Il y avait d'autre revue : une revue qui s'appelait "Royale". Parce qu'elle parle des familles royales. Elle titrait : "Bonheur familial intense après la crise.
Des vacances douces et légères pour Laurent et Claire". Avec cette phrase lumineuse du Prince jugeant ce luxueux petit coin de Zélande pas trop loin de Knokke : "La seule chose ennuyeuse ici, ce sont les moustiques".

J'ai eu envie de retourner dans les rayons du magasin pour m'acheter de la méthadone. Et puis je me suis dit, que je n'en trouverais pas au Carrefour.

Le magazine "nous deux" mettait Sophie Davant en couverture : avec en grosses lettres. "Son programme bonne humeur".
Là je me suis dit, qu'il n'y avait peut-être pas de méthadone, mais que je pouvais toujours me rabattre sur l'une ou l'autre vodka bon marché.

Magazine Maxi Cuisine : "Recevez tranquille : notre menu est prêt la veille".

Rajeunir magazine : "Vitalité, la méthode Sarkozy".

Le magazine littéraire : "Mal de vivre ou quête de soi, la solitude".

Revue des jardins : "Testez pour vous : six broyeurs de végétaux".
Titre intéressant pour un suicidaire.

Horoscope Magazine : "Guérir son animal de compagnie : l'acupuncture des chiens" !

Le monde part en sucette, Les humains sont fous.
Vous verrez que demain on vous proposera des massages tantriques pour vos vidanges... Histoires qu'elle ne soit pas trop stressée avant la bulle à verre.

J'ai jeté un œil à un grand journal d'actualité belge où il y avait une photo de la ministre sortante en affaires courantes Freya Van Den Bosche. Elle avait l'air un petit peu emmerdé d'une gamine qui n'a pas fait ses devoirs, le titre c'était : "Les finances de l'Etat sont en train de plonger dans le rouge : le déficit budgétaire de l'Etat se situerait entre un milliard et demi et deux milliards d'euros".
Magnifique flou de cinq cents millions.

Juste en dessous, les résultats d'une enquête : un Belge sur sept est pauvre. Pour les ménages de deux adultes et deux enfants, la pauvreté ça commence en dessous de 1.726 euros par mois.
Magnifique précision des chiffres.
Bonne nouvelle pour tous ceux qui gagnent 1.727 euros par mois : vous êtes riches !

Juste en dessous, il y avait un autre article sur la mise sous curatelle du Ministère de la Défense qui a dépassé son budget de 100 ou 200 millions d'euros.
Magnifique flou de cent millions.
Cent millions divisés par 1.726 ça fait 57.937, 42.
57.937, 42 revenus de familles pauvres.
Cet hiver comme tous les autres, ça ne va pas être Noël pour tout le monde.
Le porte-parole de la Défense déclare que des mesures seront prises.
Des mesures...
Magnifique flou dans l'expression.
Hé bien moi, avec ma déprime, ma première mesure, ça va être de ne plus sortir de chez moi.
Et d'essayer d'oublier que j'en ai encore au moins pour quarante ans à tirer.

Le complexe humain

Edgard MORIN, sociologue.

L'être humain porte en lui à la fois la conscience et l'inconscience de sa finitude ; il se sent envahi par l'infini dans l'expérience religieuse, poétique et érotique de l'extase. C'est un être d'espoir et de désespoir, comme nous le dit *La Tragédie de l'homme* de Mardach. Il est le "ridiculissime héros" dont parle Pascal.

Son véritable trésor, sa conscience, est née en épiphénomène, marginale et parasite. Elle s'est trouvée dès l'origine meurtrie et navrée par la mort. C'est une flamme vacillante, chétive, instable, encore à ses débuts, toujours fragile, risquant sans cesse l'illusion, la *self-deception,* la fausse conscience. Elle n'a pas encore migré vers le centre de l'esprit, pour devenir sa veilleuse permanente. Le devenir de l'humanité se jouera aussi dans le devenir de la conscience.

Le mystère humain

Bien des mystères apparaissent de plus en plus obsédants avec les progrès de la connaissance. Ainsi, celui de la relation entre l'individu, cet être distinct, isolable, éphémère, et l'espèce, cette continuité ininterrompue. L'explication par les gènes ne résout pas le mystère, elle y renvoie.

L'hominisation comporte encore beaucoup d'inconnues, et nous saurons sans doute mieux comprendre la boucle entre la causalité endogène et la causalité exogène qui a fait émerger l'humanité. Mais l'énigme, et, croyons-nous, le mystère, sont dans l'énorme surcroît cérébral dont, dès son apparition, dispose *homo sapiens,* et qui, dès l'origine, permettait Mozart, Beethoven, Cervantès, Shakespeare, Pascal, alors que *sapiens* a vécu plus de cent mille ans dans des conditions où il ne pouvait l'utiliser. Certes, toutes les espèces qui ont la chance de survivre doivent disposer d'un surplus de ressources cérébrales par rapport à celles de leur adaptation au milieu, mais la génialité potentielle de l'esprit humain dépasse non seulement tout supplément de secours, mais aussi sa propre possibilité de la concevoir.

Non seulement il nous reste beaucoup de ténèbres dans la compréhension de l'humain, mais le mystère s'épaissit à mesure que nous avançons dans la connaissance. Ainsi, connaître le cerveau dans son organisation hypercomplexe de milliards de neurones ne fait qu'approfondir le mystère que le cerveau pose à l'esprit et que l'esprit pose à l'esprit. Le fait qu'un esprit humain ait émergé demeure un mystère. Le fait qu'il ne puisse sonder son propre mystère est un mystère. Et même, connaissons-nous vraiment toutes ses qualités, toutes ses propriétés ? Y a-t-il des virtualités de l'esprit que notre esprit ignore ? N'avons-nous pas en nous, mais endormie, cette faculté qu'ont des chats au petit cerveau de deviner de loin ? S'il est vrai, comme je l'ai prétendu ailleurs [1], que nous sommes en la préhistoire de l'esprit humain, alors bien des potentialités de l'esprit n'ont pas encore été exprimées. Ne pouvons-nous supposer des connexions, des communications, des résonances, des empathies, des télépathies, des voyances que l'on classe sous le nom de phénomènes paranormaux et dont on ne sait encore la véridicité ?

L'esprit demeure, selon la formule de Jean de la Croix, la "nuée obscure d'où vient toute clarté". Comme nous l'avons dit, le fond de l'esprit humain demeure inconnu et le fait même qu'il y ait l'esprit humain reste un mystère.[2]

Mais seul le plein emploi de l'esprit nous fait prendre conscience du mystère de l'esprit. D'où la nécessité du plein emploi des ressources de la raison, qui nous conduit à reconnaître les limites de la raison ; d'où la nécessité de reconnaître les limites de la logique sans renoncer à la logique. La connaissance des limites est la seule façon, mais limitée, que nous ayons d'envisager leur au-delà.

Le mystère humain est lié au mystère de la vie et au mystère du cosmos, puisque nous portons en nous la vie et le cosmos. Le mystère de la vie n'est pas seulement dans sa naissance si difficile à concevoir [3], mais aussi dans la création de formes innombrables, complexes et raffinées. "La créativité est le mystère suprême de la vie", dit Berdiaev, qui ajoute : "Comprendre l'acte créatif signifie reconnaître qu'il est inexplicable et sans fondations." [4] Tous les mystères sont réunis en nous. Comme me l'écrit Jean Tellez, "le mystère ahurissant qu'est le phénomène humain apparaît sur le fond du mystère ahurissant qu'est la vie, qui apparaît sur le fond du mystère ahurissant qu'est le cosmos ; et tous ces ahurissements renvoient les uns aux autres pour se renforcer".

Les ultimes avancées des sciences de la nature arrivent à la situation paradoxale, déjà indiquée par Pascal, où la Connaissance aboutit au Mystère : "Qu'est-ce que l'homme dans la nature, un néant à l'égard de l'infini, un tout à l'égard du néant, un milieu entre rien et tout (...) (il est) infiniment éloigné de comprendre les extrêmes, la fin des choses et leur principe, également incapable de voir le néant d'où il est tiré et l'infini où il est englouti."

---

1 *Pour sortir du XXème siècle,* p.345.

2 Peut-être "le temps est-(il) proche où ce qui demeure inexplicable pourra seul nous requérir" (René Char).

3 Cfr Méthode 1, p.317-324.

4 N. BERDIAEV, *Signification de l'acte créateur* (1916), cité in Encyclopedia Universalis 2000 (Cédérom), article "Berdiaev".

Les principes de la pensée complexe, la dialogique, la boucle récursive, le principe hologrammique sont des expliquants qui vont, je le crois, plus avant dans l'élucidation de l'humain, de la vie, du monde. Mais ces expliquants, comme tous les expliquants, sont eux-mêmes inexplicables. En portant en elle le principe d'inachèvement de la connaissance, la pensée complexe permet un mystérieux renforcement du mystère.

L'impensé et l'impensable sont plus présents que jamais. Notre connaissance retrouve l'ignorance, mais ennoblie, car ce n'est plus l'ignorance arrogante qui s'ignore, c'est l'ignorance née de la connaissance qui se connaît ignorante. Nous ne savons pas s'il existe, ailleurs ou même sur terre, des formes de complexité vivante, de pensée, inconnues de nous, voire non directement connaissables. Il serait présomptueux de faire de 1'humain la mesure de toute complexité possible. Que ferions-nous si apparaissait un esprit doté de qualités intellectuelles et éthiques supérieures ? Le tuerions-nous, selon notre habitude ? Nous ne sommes pas seulement dans une aventure inconnue. Nous sommes habités par notre propre inconnu.

Le vol de l'hirondelle, le sautillement du moineau, le bond du jaguar, la lumière d'un regard, il n'est rien en ce monde qui ne porte en soi le mystère. Il fallait donc situer l'humain dans son mystère et situer le mystère dans son humanité.

L'horizon

Alors, nous voyons que la pensée techno-économistique de l'Occident bourgeois ne détient pas la solution. Nous voyons que le communisme d'appareil ne détient pas la solution. Nous ne voyons pas la solution en vue. Nous pouvons seulement énoncer "idéalement" ses conditions nécessaires à l'élaboration d'une solution. Les solutions ne peuvent venir que de la conjonction d'une nouvelle conscience (dans la pensée et dans l'action) et d'innovations surgies de l'inconscient même du corps social.

Du côté de la pensée consciente, il faudrait :

- reformuler le concept de développement, le restructurer. Non plus subordonner le développement à la croissance, mais la croissance au développement. Non plus subordonner le développement social de l'homme au développement technique/scientifique, mais le développement technique/scientifique au développement humain. Cela peut sembler évident. Mais cela nous renvoie à nouveau au problème fondamental : qu'est-ce que le développement social, qu'est-ce que le développement humain, notions qui semblaient trop bien entendues et qui sont toujours creuses et vagues parce qu'on vit sur une notion pauvre et étriquée de l'homme et de la société. Du coup on découvre le besoin urgent d'une théorie de l'homme et de la société.

- penser les problèmes du développement comme tous les problèmes théoriques humains et sociaux, au niveau réflexif des concepts de second ordre, c'est-à-dire qui impliquent toujours une récursion de l'objet (ici le développement) au sujet (ici la société, l'homme) ; donc qui nécessite l'introduction du préfixe auto. Le concept clé doit donc être, comme nous l'avons dit, auto-développement.

Ici, nous sommes persuadés des possibilités de développement de l'homme et de la société. Mais nous sommes également persuadés que ce développement est inséparable d'une métamorphose sociale.

La société moderne ne peut se développer sans se transformer radicalement. Du coup, on peut considérer les crises du développement comme des premières poussées transformatrices, où jaillissent les déviances annonciatrices des mouvements futurs possibles. Du coup, nous pouvons supposer que déjà le génie inconscient (de la société, de l'espèce) est en travail. Mais nous devons savoir que nous sommes au début seulement et de la prise de conscience théorique, et des surgissements créateurs de l'inconscient social. La crise elle-même suscite aussi des possibilités régressives et favorise le recours magique en la pseudo-solution. Aussi l'horizon de cette fin de siècle nous semble très incertain.

Pour tenter la prévision, il faut tout d'abord reconnaître à la fois la possibilité et l'improbabilité de deux hypothèses extrêmes. La première hypothèse extrême est celle de la catastrophe. Elle est matériellement possible, puisque l'humanité développée a accumulé et accumulera de plus en plus un potentiel autodestructeur, non seulement atomique, mais aussi démographique et écologique. Cela dit, l'énormité de la menace thermonucléaire joue elle-même un rôle de frein. Les courbes exponentielles de la croissance démographique et de la croissance du péril écologique doivent probablement (au prix de gaspillages et de souffrances qu'on ne sait encore prévoir) prendre la forme de courbes en S.

La seconde hypothèse extrême est celle de la métamorphose sociale qui serait une nouvelle naissance de l'humanité. Les potentialités existent, nous l'avons dit, dans l'être humain et l'être social qui ne sont qu'au début de leurs possibilités évolutives. Des aspirations de plus en plus profondes et larges se manifestent dans ce sens et se cristallisent à travers les mots mythes de socialisme, communisme, anarchisme. Mais non seulement ces forces sont encore trop faibles et dispersées, mais encore elles sont errantes, détournées, mythifiées, et d'immenses bonnes volontés qui croient œuvrer au service de la révolution travaillent sans le savoir à écraser les germes de la révolution. Pour moi, c'est la grande tragédie de l'époque, ce qui accroît l'improbabilité de la "nouvelle naissance de l'humanité" et du "vrai" développement.

Entre ces deux polarités extrêmes, "nous entrevoyons la probabilité d'un moyen âge planétaire. En fait, sans doute, il a déjà commencé. Au lieu d'une féconde synthèse entre l'ordre et le désordre, ce que devrait être le progrès, nous voyons se dessiner la juxtaposition d'un ordre rigide (assuré par des appareils implacables) et d'un désordre non créateur (où se dissoudront les règles "civilisées"). Cette hypothèse est certes la plus probable. Mais tous les grands changements, tous les grands progrès, dans l'histoire de la vie comme dans l'histoire de l'homme, ont été des victoires de l'improbable. Voilà pourquoi il faut oser une politique de la qualité de la vie.

Une politique de qualité de la vie

La qualité de la vie se traduit par du bien-être dans le sens existentiel et non seulement dans le sens matériel. Elle implique la qualité des communications avec autrui, et des participations affectives et affectueuses. Bien entendu, la politique ne peut créer ce qui est vécu et ressenti existentiellement. Il faut même cesser de croire que le but de la politique soit le bonheur – idée formulée dans la constitution des Etats-Unis et reprise par Saint-Just. Elle peut et doit éliminer les causes publiques de malheur (guerre, famine, persécutions), mais ne peut créer le bonheur.

La politique de civilisation ne peut créer la qualité de la vie, mais elle doit agir sur ses aspects sociaux et civilisationnels. Elle doit viser à aider, prolonger, approfondir la résistance spontanée de "la société civile" pour la qualité de la vie. La qualité de la vie a plusieurs entrées. L'une, écologique, est désormais reconnue ; l'autre, conviviale, a été posée il y a plus de trente ans par Illitch, mais son message a été oublié. La politique écologique est une composante de la politique de convivialité, mais elle n'en est pas le tout. La convivialité comprend les cordialités de personne à personne, le partage et la participation aux jouissances, plaisirs et souffrances d'autrui – voisin, proche, visiteur. La lutte contre l'atomisation, l'anonymisation, la techno-bureaucratisation est en elle-même lutte pour l'instauration ou la restauration de la convivialité.

Mieux : il faut restituer la vertu de sa source surréaliste à l'expression "changer la vie". Vouloir changer la vie, ce n'est pas seulement permettre à la vie de résister à l'asphyxie des contraintes, solitudes et servitudes, c'est aussi permettre à la vie d'exprimer ses qualités poétiques en empêchant l'envahissement gris de la prose. Hölderlin disait que l'homme habite poétiquement la Terre. Il faut complexifier sa parole et dire : prosaïquement et poétiquement l'homme habite la Terre. La vie humaine est tissée de prose et de poésie. La vie prosaïque est faite de tâches pratiques, utilitaires, techniques, rationnelles, empiriques. La poésie –définie anthropologiquement et non plus seulement littérairement – est une façon de vivre dans la participation, l'amour, la jouissance, la ferveur, l'admiration, la communion, l'exaltation, le rite, la fête, l'ivresse, la danse, le chant, la musique, la liesse, et elle culmine en extase. L'état poétique est l'état "second", qui existentiellement est toujours premier.

L'état prosaïque et l'état poétique sont nos deux polarités, nécessaires l'une à l'autre : s'il n'y avait pas de prose, il n'y aurait pas de poésie. L'un nous met en situation utilitaire et fonctionnelle et sa finalité est utilitaire et fonctionnelle. L'autre peut être lié à des finalités amoureuses ou fraternitaires, mais il a aussi sa finalité propre en soi-même. Vivre poétiquement, c'est vivre pour vivre. Il est vain de rêver d'un état poétique permanent, lequel, du reste, s'affadirait de lui-même, et risquerait de ressusciter d'une autre façon les illusions du salut terrestre. Nous sommes voués à la complémentarité et à l'alternance poésie/prose.

Nous avons vitalement besoin de prose, puisque les activités prosaïques nous font survivre. Mais aujourd'hui, sur Terre, les humains passent la plus grande partie de leur temps soit à survivre, soit à vivre de façon machinale. En cette fin de millénaire, l'hyperprose a progressé, avec l'invasion de la logique de la machine artificielle sur tous les secteurs de la vie, l'hypertrophie du monde techno-bureaucratique, les débordements du temps, à la fois chronométrisé, surchargé et stressé, aux dépens du temps naturel de chacun. La trahison et l'effondrement de l'espoir poétique de la Révolution ont répandu une grande nappe de prose sur le monde. Tandis qu'un peu partout, sur les ruines de la promesse poétique de changer la vie, les ressourcements ethniques et religieux s'efforcent de régénérer les poésies de la participation communautaire, la prose de l'éconocratisme et du technocratisme triomphe dans le monde occidental ; pour un temps, sans doute, mais c'est le temps de notre présent.

Dans ces conditions, l'invasion de l'hyperprose nécessite une contre-offensive puissante de poésie, qui elle-même irait de pair avec la renaissance fraternitaire. Or, si elle ne doit plus assumer le rêve d'éliminer la prose du monde en réalisant le bonheur sur Terre, la politique ne doit pas s'enfermer dans la prosaïté. C'est dire que la politique n'a pas pour seule visée la "société industrielle évoluée", la "société postindustrielle" ou le "progrès technique". La politique de civilisation nécessite la pleine conscience des besoins poétiques de l'être humain.

La "vraie vie est absente" là où il n'y a plus que prose. La notion de travail correspond à la prosaïsation des occupations productrices. La notion de travail devrait dépérir au profit de la notion d'activité, laquelle combine l'intérêt, l'engagement subjectif, la passion, voire la créativité, c'est-à-dire la qualité poétique : ainsi, les activités politiques, culturelles, artistiques, solidaires ont toutes une dimension poétique. Etant donné que les robots et les ordinateurs chassent les emplois humains, que les nouvelles technologies créent moins d'emplois qu'elles n'en détruisent, la révolution technologique en cours doit inciter à la réduction continue du travail au profit d'activités civiques, d'activités culturelles, de la vie personnelle. L'abaissement de la durée de travail à trente heures permettrait de reconstituer une vie familiale et une vie privée. La diminution du travail mécanisé, parcellaire, chronométrisé au profit d'activités responsables et ingénieuses, apparaîtra de plus en plus nécessaire au cours du développement d'une politique de civilisation, mais elle nécessitera une révolution dans la logique qui gouverne nos sociétés, et cette révolution ne peut se faire dans un seul pays. Elle concerne l'ensemble des pays techniquement développés, et ce serait à l'Union européenne d'en prendre l'initiative… De toute façon, la politique de civilisation doit inscrire dans sa perspective historique la transformation du travail en activité, en même temps que la diminution de l'activisme. Elle introduirait dans la vie une part de farniente (la "paresse" au sens de Lafargue) et de méditation.

Plaidoyer pour un engagement critique, mais créatif dans la vie

Charlotte LUYCKX, philosophe.

J'écris cet article en partant de mon expérience personnelle, en tant que jeune femme philosophe et mère de famille depuis peu. C'est plus risqué de dire : "je pense que...", "mon intuition est que..." que de dire : "Deleuze considère que la réalité, c'est..." ou "il est rationnel de penser que...". C'est pourquoi ce texte représente pour moi un certain défi. J'espère que certains lecteurs pourront se reconnaître dans les lignes qui suivent, les mettre en perspective de leur propre histoire, afin que puisse avoir lieu un véritable partage d'idées.

Nous sommes parfois démunis lorsqu'il s'agit de faire preuve de discernement pour ce qui a trait au domaine de l'intuition, car nous sommes habitués à fonctionner principalement avec une certaine partie de notre intellect, qui fonctionne avec les critères de cohérence et de rationalité pour tracer les contours de la réalité : *ce qui est réel est rationnel et ce qui est rationnel est réel.* C'est une terrible atrophie du réel. À travers l'affinement de nos intuitions, nous sommes capables de connaître d'autres pans de la réalité que ceux dont notre raison nous propose l'esquisse. Ainsi, nous avons notamment accès à un autre mode de partage de l'information : il ne s'agit pas exclusivement ni principalement de convaincre et de justifier ou d'argumenter, mais aussi de développer et d'affiner des intuitions en les partageant. Dans cette perspective, ce qui est universel dans le discours apparaît, non pas exclusivement comme ce qui est formellement valide, mais comme ce qui se niche au cœur de notre expérience singulière. Ainsi, de la même façon que "*pour le poète et pour tout artiste véritable, plus il obéit au devoir de singularité de son être profond, plus il devient universel*" [1], le philosophe peut choisir de scruter son expérience du monde par l'introspection et par là rentrer en contact avec des intuitions partagées. Plus la démarche est sincère et profonde, plus les idées qui s'en dégagent sont universelles.

C'est sur ce fond épistémologique que je prends la parole au fil du texte qui suit, pour exprimer certaines idées que m'ont suggérées différentes casquettes de mon expérience humaine singulière.

1 J.-P. **BESSON GIRARD**, *Descrescendo cantabile,* Paris, Parangon, 2005, p.169.

Le jeune-cadre-dynamique vs le nihilisme-fumeur-de-pétard

Je distingue deux tendances antagonistes parmi les gens de ma génération (vingt-trente ans). En caricaturant, je dirais que d'un côté, il y a le jeune cadre dynamique, qui s'engouffre dans le système avec ferveur et dévotion. De l'autre, le jeune nihiliste fumeur de pétard qui le refuse en bloc : ni travail, ni parti, ni famille.

Le jeune cadre dynamique fonctionne avec un kit de croyances bien positives sur la vie, le couple, le travail et la société : la science résoudra les problèmes écologiques, le développement économique rendra les riches plus heureux et les pauvres moins pauvres, le mariage est synonyme de bonheur, le travail, c'est la santé…

Il se lance dans son travail et dans son épargne avec l'enthousiasme et l'assurance d'un missionnaire : il est dans le bon. Et il a le vent dans le dos : toute la batterie d'idées, de croyances et de "certitudes" qui ont contribué à façonner la société contemporaine vont dans son sens. En augmentant son pouvoir d'achat, il augmentera sa prestance et son bonheur pour lui et sa famille : les chiffres de son compte en banque mesurent son degré de réalisation de soi.

Ce premier cas de figure met en scène un individu qui vit dans un monde caduc : une bonne paire de lunettes et un zeste d'esprit critique lui font cruellement défaut. En effet, il y a trop de véritables problèmes inhérents au fonctionnement sociétal actuel pour ne pas remettre en cause ces croyances. Parmi eux citons : l'urgence écologique, l'accroissement vertigineux des inégalités sociales et économiques, l'accroissement du mal-être en occident proportionnel à l'augmentation du confort (taux de suicides et d'antidépresseurs faisant office d'indicateurs de malheur), l'appauvrissement du quart monde, le métro-boulot-dodo en perspective, la solitude des grandes villes… et des campagnes, le divorce généralisé et normalisé, la délinquance juvénile en plein essor, etc.

Indéniablement, nous héritons d'un monde problématique. Pour avoir l'ambition et l'envie de s'engager joyeusement, corps et âme, dans la société telle qu'elle est, il faut soit être aveugle, soit lourdement aliéné.

C'est du moins ce que pense notre autre cas de figure qui choisit, pour sa part, de s'efforcer de renoncer autant que faire se peut à tout ce qui peut ressembler à un engagement dans cette espèce de grande matrice qu'est à ses yeux "le système". Alors que le premier a une foi totale dans le fonctionnement actuel de la société, celui-ci est un sceptique accompli : il est la figure vivante du nihilisme éclairé. D'une critique – certes pertinente – de la société et de la condition humaine, il a conclu que la vie ne valait pas la peine qu'on s'y engage, il sait que le combat est perdu d'avance. Mieux vaut, pour lui, se libérer de toutes les déterminations en choisissant de ne pas s'engager… À quoi bon ?

Il vit ce renoncement comme une grande libération. Les "autres", ceux du système, sont les moutons de la grande matrice. Lui et les siens, libérés enfin, préfèrent s'amuser entre amis autour d'un rac de canettes et d'un bon pétard.

Alors que le jeune cadre dynamique semblait lourdement aliéné, ce nihiliste buveur de bière est lucide dans sa critique : il constate que le monde et l'existence sont effectivement problématiques. Mais de mon point de vue, là où lui aussi se fourvoie assez largement, c'est lorsqu'il pense qu'il exerce une véritable liberté en s'acquittant de toutes les déterminations de l'engagement. La voie du nihilisme est stérile, elle ne mène nulle part, si ce n'est au suicide. Les déterminations, et donc l'engagement, sont la condition de possibilité de l'exercice réel de la liberté. La liberté toute puissante est une abstraction. Nous sommes des êtres incarnés, et c'est au cœur même de nos déterminations qu'il nous est possible de vivre une véritable liberté, source de bonheur. L'engagement est aussi ce qui signe le passage à l'âge adulte, et d'une certaine virilité qui l'accompagne : le nihiliste reste un grand adolescent, bercé par l'illusion qu'il est libre. Il se complaît dans un sentiment d'absurdité de l'existence qui sert d'alibi à son alcoolisme et à son absence de prise de responsabilités.

Je cherche une voie du milieu entre ces deux extrêmes, qui puisse garder du premier le courage, l'enthousiasme et le défi de l'engagement tout en ne faisant pas fi de l'aspiration du second à une plus grande liberté, à une existence plus sensée et à un système plus juste pour tous au sein duquel il vaille la peine de s'engager. Le problème majeur de cette tierce voie est qu'elle est seulement en train d'émerger et n'est donc pas très visible sur la scène sociale. Il s'agit, en quelque sorte, de la créer.

La reliance

La tierce voie dont je parle ici peut être appréhendée intellectuellement au moyen du concept de reliance [1], qui renvoie à la démarche intuitive au cours de laquelle on se relie à soi-même, aux autres et à la nature.

La critique radicale du système de croyance "positiviste" qui structure le monde du jeune cadre dynamique est nécessaire : cette idéologie doit être définitivement reléguée au rang de mythe. L'absence de repère et de balise dans laquelle nous plonge cette critique peut être angoissante, mais elle doit être vue comme une chance. En effet, la désorientation souligne la nécessité d'un recentrement et la découverte de repères intérieurs neufs, d'ordre émotionnel, intuitif et esthétique. Et je crois intimement que la création dont il est ici question commence par là : le recentrement.

Il nous faut scruter le socle intérieur qui nous donne la véritable assurance, au-delà de l'ego. C'est à partir de ce sol que nous nous rendons capables d'affronter l'avenir

1 M. BOLLE DE BAL, *Voyage au cœur des sciences humaines. De la reliance (2 tomes)*, Paris, l'Harmattan, 1996 et E. MORIN, La *méthode 6. L'éthique*, Paris, Seuil, 2004.

avec la confiance de celui qui assume joyeusement l'existence. En ce sens, l'œuvre de création de nouveaux modes de vie commence par la démarche de reconnexion avec nous-mêmes. Il s'agit d'un processus qui comporte une dimension thérapeutique. Nos blessures et nos souffrances enfouies ont forgé entre notre conscience ordinaire et notre être véritable une chape de comportement qui nous en éloigne. Cette démarche de reconnexion peut être douloureuse, car il s'agit de reconnaître d'abord et de déblayer, de découvrir ensuite notre dépotoir intérieur truffé d'ennui, de remords, et de déchirures affectives, habité par la peur de mourir, de vieillir et de ne pas être aimé, hanté par le sentiment d'échec, de vanité, d'absurdité... Mais le nettoyage en vaut la chandelle : le but est de retrouver le contact avec la joie. La joie est notre état de nature. Le reste n'est que pollution intérieure. En affrontant nos peurs, nos angoisses, nous devenons plus libres. Nous pouvons poser un regard neuf et apaisé sur le monde et nous cessons dès lors d'être la proie des mécanismes consuméristes qui se nourrissent de nos névroses pour fonctionner et qui les encouragent.[1]

A travers cette démarche de reliance à soi, nous découvrons également que l'autre n'est pas une entité étrange et séparée : ses expériences ont un écho en moi, je les connais intuitivement. On se rend compte que bien que l'on soit existentiellement seul, on est parmi les autres. L'autre devient le miroir de mon expérience propre et il est, ce faisant, un véritable moteur pour mon cheminement personnel. Cela est vrai au niveau du couple et de la famille, mais également pour les relations d'amitié, de voisinage, de compagnonnage. Dans l'idéal, le concept de reliance aux autres exprime le sentiment d'interconnexion entre les membres de la communauté humaine. Dans cette perspective, la convivialité, le lien social, et la dimension communautaire de l'existence acquièrent une importance fondamentale. L'individualisme est une aberration et... une certaine forme de pathologie.

Parallèlement, on découvre qu'il y a une interconnexion entre tous les êtres vivants : nous ne sommes pas séparés de notre environnement, mais en constante interaction avec lui. C'est la reliance à la nature. Les problèmes écologiques sont en réalité l'expression d'un dysfonctionnement plus profond de notre rapport à la nature, qui s'exprime par un sentiment de déconnexion. Nous vivons la plupart du temps déconnectés du monde naturel, et ce n'est pas "normal" même si c'est la norme. Un individu psychiquement sain vit une certaine connexion intuitive et perceptive avec la nature. Le sentiment de déconnexion vis-à-vis de la nature nous apparaît comme une certaine forme de pathologie psychique [2] qui constitue la racine existentielle des problèmes environnementaux actuels.

---

1 C. ARNSPERGER, *Critique de l'existence capitaliste. Pour une éthique existentielle de l'économie* ; Paris, Cerf, 2005.

2 Au même titre que la déconnexion d'avec les autres (comme l'autisme par exemple) ou la déconnexion d'avec soi-même (comme la schizophrénie) qui sont considérées comme des dysfonctionnements sur le plan psychique.

Cette prise de conscience nous invite dans un premier temps à remettre en question l'anthropologie implicite avec laquelle nous avons appris à fonctionner en Occident. Aux yeux de celle-ci, l'homme est considéré comme maître et dominateur de la nature, et comme le seul être doté d'une valeur intrinsèque – le reste du monde naturel étant réduit à sa seule valeur instrumentale, un ensemble de "choses pour nous". On reproche souvent à cette conception son anthropocentrisme. En réalité, celui-ci n'est pas en soi anti-écologique du moment qu'il n'est pas exclusif : on peut accorder une valeur prépondérante à l'être humain (au nom de laquelle on considère la vie d'une renoncule comme moins précieuse que celle d'un nouveau-né) sans pour autant le concevoir comme le seul être doté de valeur intrinsèque (on peut tout de même considérer que la renoncule est dotée d'une valeur autre qu'instrumentale).[1] Mais pour comprendre la valeur du monde naturel, pour la percevoir et en faire l'intuition, il faut autre chose que des concepts. Ainsi, le véritable problème est que cette anthropologie réductrice n'a pas seulement un impact idéologique sur nous, elle influence également notre capacité perceptive et intuitive à faire l'expérience de la nature : nous finissons par nous retrouver effectivement seuls face à un monde silencieux qui n'a rien à dire et qui n'écoute pas, amputés de la capacité à en percevoir le sens et à nous y sentir reliés. Le troisième aspect la démarche de reliance consiste ainsi dans la redécouverte du lien fondamental qui nous unit au vivant dans son ensemble.

Le travail, l'état et la religion

Les nouveaux repères intérieurs nous confèrent de nouveaux outils de discernement qui nous permettent de nous orienter, d'agir et de faire des choix sans avoir recours à une norme extérieure, à un cadre, ou à une structure préétablie. Pour reprendre nos caricatures, ils nous permettent ainsi également de poser un autre regard sur les valeurs de notre jeune cadre dynamique, lorsqu'on les a passées au travers du tamis de la critique du nihiliste-fumeur-de-pétard : le travail, la politique, la religion par exemple.

Le travail n'est pas synonyme de travail salarié, ni même de travail rémunéré. Dans une acception plus vaste et plus vraie (au sens de "l'œuvre" dans les termes de Hannah Arendt), est un travail toute action sur le monde, avec le monde et pour lui. Travailler, c'est œuvrer sur le monde, pas thésauriser.

L'engagement *politique*, ce n'est pas seulement le vote citoyen, mais c'est aussi et surtout l'intégration de notre responsabilité politique en tant qu'acteurs dans le sens large du terme.

Les choix que nous opérons à un niveau individuel ont une portée collective. Plus nos choix sont libres et dégagés du prêt-à-penser, plus ils auront un impact positif

1 B. FELTZ, *La science et le vivant*, Bruxelles, De Boeck Université, 2003, p.96-105.

sur notre monde commun. La pensée fast-food diffusée largement par les médias est une forme nouvelle, plus douce, moins centralisée et moins évidente, de totalitarisme. En devenant plus consciente, notre action individuelle devient militance et, à peu de choses près, désobéissance civile. La promotion des médias libres, la qualité de l'information dont nous nous nourrissons et que nous diffusons, ce que nous décidons d'acheter et surtout de ne pas acheter sont autant de manières d'avoir un impact sur la vie de la cité, peut-être même plus que par le vote citoyen.

Dans le domaine *religieux*, il s'agit de renouer avec la profondeur spirituelle de la démarche : au-delà du cadre institutionnel (le volet exotérique), il y a une dimension intérieure (le volet ésotérique) qui en constitue le cœur et l'essence. La dimension spirituelle de l'existence peut alors être comprise et vécue comme fondement et source de vie, comme énergie primordiale et constitutive, comme ce au regard de quoi la vie n'est pas seulement une lente chute, mais aussi et surtout l'occasion d'une élévation de l'âme et d'un développement de la conscience.

La simplicité volontaire

Le chemin de la reliance est progressif : il faut pouvoir y consacrer du temps. Pour cela, il est fort probable que nous devions modifier nos habitudes et nous diriger vers un mode de vie plus simple et plus sain, moins embourbé dans les engrenages du productivisme et du consumérisme, qui participent dans une large mesure du phénomène de déconnexion et qui mobilisent beaucoup du temps et de l'énergie de ceux qui s'y consacrent (c'est à dire presque tout le monde dans ce coin-ci de la planète).

Une nouvelle équation de vie s'instaure : pour avoir du temps, il faut réduire notre nombre d'heures de travail rémunéré, apprendre donc à vivre avec moins d'argent, ce qui implique une réduction de notre (sur)consommation. C'est l'équation de vie promue par les partisans de la simplicité volontaire. Elle vise plus de temps pour vivre, se promener, parler avec ses voisins, éduquer ses enfants, pour peindre ou faire de la musique, aimer son mari/sa femme, pour méditer... Elle a par ailleurs pour conséquence une réduction de notre empreinte écologique (l'énergie la moins polluante est celle qu'on ne dépense pas) et des disparités entre les classes sociales.[1] ("Vivre simplement pour que d'autres puissent simplement vivre." [2])

C'est une remise en question radicale de la société, mais qui n'est pas seulement déconstructrice, et qui ne mène pas au nihilisme. Elle propose un changement d'horizon : au lieu de viser collectivement l'accroissement du confort, le développement de l'industrie et l'accroissement artificiel de nos besoins pour justifier et alimenter ce

1 S. LATOUCHE, *Le pari de la décroissance*, Paris, Fayard, 2006.

2 M. GANDHI.

développement, on vise une diminution de la consommation à la faveur d'un regain d'importance accordée à la convivialité, à l'introspection et à la nature.

Au niveau individuel, au lieu d'être des boulimiques de la consommation, vivant pour assouvir notre pathologie consommivore semblable à un puits sans fond, on vise la vie la plus joyeuse possible dans la plus grande simplicité possible... ("Qui ne se contente pas de peu ne se contentera de rien" dit d'ailleurs l'adage.) La société que nous avons à créer en ces temps de mutation sociale et culturelle est en réalité une société beaucoup plus simple que la société actuelle, et surtout plus heureuse.

Deux exemples

La bonne nouvelle concernant ce nouvel art de vivre, c'est qu'il n'est pas seulement possible, mais qu'il existe déjà au cœur de certaines initiatives. Le développement, en Belgique et dans le monde entier des "écovillages" par exemple, semble participer de la même mouvance.[1] Les écovillages sont des communautés de personnes qui se développent autour de trois axes principaux : écologique, spirituel et social. On peut parler à cet égard de trois écologies interdépendantes : l'écologie environnementale, individuelle et sociale.

L'écologie environnementale nous invite à vivre en harmonie avec la nature, en ne sollicitant pas plus de ressources naturelles qu'il n'est possible d'en reconstituer.

L'écologie individuelle ou humaine vise à encourager le développement harmonieux des personnes au-delà du matérialisme occidental et de l'intolérance dogmatique de beaucoup de religions traditionnelles. Elle encourage la créativité, la production et la consommation alimentaires saines, la vie méditative, le soutien psychologique.

L'écologie sociale vise à contrer l'aliénation de l'individu due à l'institutionnalisation des mécanismes traditionnels d'aide sociale, la rupture de la famille et la marginalisation des membres plus "faibles" de la société. Elle vise à rétablir la vie communautaire au sein de structures conviviales, c'est-à-dire accessibles à tous et mobilisables par tous.

L'écovillage s'inspire de la structure des anciens villages, mais il ne s'agit pas d'un retour en arrière ni d'un primitivisme pur et simple. Ici les personnes se regroupent autour d'un idéal commun et la vie en communauté est un choix conscient.

Un défi majeur pour les écovillages est d'intégrer les acquis idéologiques de l'ère moderne (l'idéal de liberté individuelle par exemple), avec les aspects positifs de la

---

1 En Belgique : Vévy Wéron (habitat groupé près de Namur), la ferme du Haillon (ferme collective en Gaume), Terre d'Enneille (éco-hameau près de Durbuy). À l'étranger, les écovillages les plus connus sont : Findhorn (Ecosse), Auroville (Inde), Lebensgarten (Allemagne), Huehuecoyotl (Mexique), Chilam balam (Venezuela). Pour plus d'information voir le site du Global Ecovillage Network (GEN) :http://gen.ecovillage.org et d'Ethic, Démocratic Eco-village Network (EDEN) : http://users.skynet.be/ecovillage-eden

vie rurale ancestrale qui se sont perdus en cours de route (comme la convivialité, l'aspect communautaire). Un autre défi a trait au rapport à la technologie. Ici aussi il ne s'agit pas d'un retour pur et simple à un mode de vie cavernicole, mais bien d'une ré-appropriation des acquis technologiques du développement moderne, qui puisse être socialement et spirituellement adaptée aux nécessités humaines.

Un autre exemple plus local : ici en Belgique, pas plus tard que cet été, a eu lieu une marche, intitulée "la démarche de l'après-croissance"[1]. Un groupe de vingt à cent personnes, trois charrettes et deux ânes ont cheminé de Maubeuge, à la frontière française, jusqu'à Liège en faisant arrêt chez des personnes qui pratiquent et expérimentent des modes de vie, de production et de consommation alternatifs (fermes, habitats groupés, communautés...). Le mot d'ordre de cette démarche : "moins de biens plus de liens". Ses objectifs : inviter au débat populaire en vue d'un changement de nos pratiques de vie qui s'insère dans un changement écologique, économique et social global. Elle visait à cultiver la solidarité, la culture populaire, la (re)découverte de nos régions et à faire connaître différents modes d'économie en circuit court et local. Un sentiment de fraternité et un véritable bien-être se dégageaient du groupe des démarcheurs. Au fil des journées, il devenait possible, le temps de cette promenade, de ralentir la course infernale de nos vies surmenées : ce fut certainement pour plus d'un l'occasion de multiples reliances.

Reste la question de savoir quel impact peuvent avoir de telles initiatives, somme toute fort isolées, pour un changement sociétal plus vaste. En effet, plus d'un sera porté à croire que ces démarches sont vaines, car elles ne font pas le poids face à la grande matrice du système et à ses agents qui détiennent les rênes du pouvoir. Pour ma part, j'ai plusieurs raisons de penser que ce n'est pas le cas : d'une part, quelle qu'en soit la portée, ces initiatives ont une valeur capitale en tant que terrains d'expérimentation pour explorer des alternatives au fonctionnement actuel du monde. D'autre part, je rejoins la thèse d'André Gorz lorsqu'il montre que la majorité des changements sociaux au cours de l'histoire de l'humanité ont été l'œuvre de minorités. D'autre part encore, elles permettent d'unir les consciences de ceux qui fonctionnent déjà dans le nouveau paradigme de la reliance. Cela est fondamental, car la révolution culturelle dont il est ici question est d'abord une révolution intérieure, c'est-à-dire un changement du niveau de conscience des individus.

Pour échapper à l'angoisse d'une vision nihiliste de la vie et à l'aliénation étouffante d'un mode de vie positiviste, cette tierce voie dont j'ai tracé l'esquisse dans cet article m'apparaît être l'alternative la plus inspirante et la plus enthousiasmante pour notre avenir et celui de la planète.

1 www.démarche.org

Un optimisme éclairé

Matthieu RICARD, scientifique et bouddhiste.

Conceptions du bouddhisme et de la psychologie contemporaine

On a souvent présenté le bouddhisme comme une spiritualité pessimiste. Au XIXème siècle et plus encore au XXème siècle, de nombreux philosophes et théologiens ont affirmé que le bouddhisme se caractérisait par une indifférence au monde et un nihilisme profond. Autant d'opinions qui ne résistent pas à une analyse de cette philosophie qui repose essentiellement sur l'amour et la sagesse. En effet, le bouddhisme est fondé sur un optimisme fondamental, lié à sa conception de la nature humaine.

Dans les civilisations judéo-chrétiennes, la notion de péché originel perpétuée au XXème siècle par certains courants psychanalytiques a entretenu une vision sombre de la nature humaine qui a favorisé un pessimisme ambiant, en cautionnant l'idée que l'on naît avec un handicap fondamental. Par contraste, le bouddhisme pose dès le départ l'existence d'une bonté originelle. Cette notion fait référence à un potentiel que nous possédons tous, et que l'on désigne sous divers noms : "nature de Bouddha", "nature fondamentale de la conscience", etc. Cette nature demeure inchangée et non entachée par les voiles temporaires de la confusion mentale, de l'ignorance, du manque de discernement ainsi que par les poisons mentaux que sont la haine, le désir, l'arrogance et la jalousie. Elle est à l'image d'une pépite d'or tombée dans un tas d'ordures ou enfermée longtemps dans sa gangue : l'or demeure tout aussi pur. Il suffit de le nettoyer, de l'extraire de son enveloppe terreuse pour qu'il brille de tout son éclat, révélant sa véritable nature. Si nous ne reconnaissons pas cette nature fondamentale, nous sommes semblables à un mendiant sous la cabane duquel un trésor est enfoui : nous ignorons notre richesse. Ou, pour prendre une autre image, imaginons que le ciel reste couvert si longtemps que l'on en vienne à douter que le soleil existe toujours. Il suffit pourtant de quelques minutes en avion pour percer la couche de nuages et s'apercevoir qu'il n'a jamais cessé de briller dans un ciel pur et immaculé.

Le chemin de transformation personnelle propre au bouddhisme, consiste donc à redécouvrir et à actualiser un potentiel qui a toujours été nôtre, mais qui est resté longtemps à l'état de latence.

Les fondements de l'optimisme

Cette notion de "bonté originelle" ne repose pas sur une conception naïvement optimiste de la nature humaine, mais sur une expérience introspective, liée à l'investigation de la nature fondamentale de notre propre esprit. Selon le bouddhisme, on appelle "esprit", ou plus exactement "flux de conscience", le tourbillon de pensées, d'émotions et de constructions mentales qui ne cessent de s'enchaîner du matin au soir. Nous n'envisageons guère un état de conscience qui soit dépourvu de contenu particulier et qui ne soit pas déclenché par une perception, une image mentale, un souvenir, une anticipation ou un raisonnement.

Toutefois, si l'on prend la peine d'observer notre conscience avec calme et attention, on s'aperçoit que derrière le rideau des pensées, il existe à tout moment une faculté cognitive fondamentale qui sous-tend toute pensée. On peut parler de "conscience pure" ou de faculté cognitive de base, faculté qui fonde la différence entre un phénomène conscient et un objet inanimé, ce que le bouddhisme nomme qualité "lumineuse" de l'esprit. Celle-ci, en effet, illumine notre perception du monde extérieur et celle de nos propres états mentaux. Or, cette qualité première de la conscience n'est pas modifiée ni altérée par son contenu, tout comme la nature fondamentale de l'eau, H_20, n'est pas altérée par les substances médicinales ou par les toxines qu'elle contient en fonction des circonstances. De même, un rayon lumineux qui éclaire alternativement un tas d'ordures et un joyau ne s'en trouve pas souillé ni purifié pour autant. Il permet simplement la perception de ces phénomènes.

C'est sur cette réflexion que se fonde le bouddhisme pour affirmer que la nature première de la conscience, le "pur éveil", demeure inchangée, que son contenu soit un enchaînement de pensées constructives, comme l'amour altruiste, la compassion, la tolérance, le contentement, le sentiment de plénitude, la liberté et la force intérieure, ou une chaîne de ruminations afflictives, comme la haine, le désir obsédant, la jalousie, l'arrogance et le sentiment exacerbé de l'importance de soi. Ces derniers états mentaux sont considérés comme des toxines mentales qui empoisonnent notre bien-être et déclenchent des comportements qui nuisent à autrui.

Dans tous les cas, l'aspect fondamental de la conscience reste inchangé.

Reconnaître cette nature première de la conscience conduit donc à un "optimisme éclairé", car il est toujours possible de transformer le contenu de notre conscience, c'est-à-dire nos émotions, nos humeurs et nos traits de caractère. C'est là le fondement de la transformation intérieure, un potentiel que nous sous-estimons considérablement.

Méditer ce point constitue une source d'espoir, car l'état intérieur dans lequel nous nous trouvons, quel qu'il soit, s'apparente aux nuages qui masquent momentanément le soleil. La méditation est donc le processus qui consiste à éliminer ce qui voile la connaissance, la liberté intérieure et l'éveil. Ce potentiel de transformation est le fondement même de l'optimisme éclairé.

Un optimisme décrié

J'estime que l'optimisme est beaucoup plus profond que les gens ne le pensent et qu'il reflète une profonde confiance dans ce potentiel de changement et de développement qui se trouve au plus profond de chacun d'entre nous. Il a néanmoins été considéré comme une forme de naïveté béate, une vision du monde sympathique, mais sans grand rapport avec la réalité. Les optimistes seraient des gens qui passent leur temps à peindre en rose des murs décrépits. On a longtemps pensé que les pessimistes étaient plus réalistes : ils ne se laissent pas facilement berner, ils voient les situations telles qu'elles sont et posent sur la réalité un jugement certes cynique, mais exact. Les psychologues ont longtemps estimé que les personnes légèrement dépressives étaient, elles aussi, plus réalistes. Le pessimiste, lui, serait lucide et évaluerait les situations avec une plus grande justesse.

Des recherches plus approfondies ont montré qu'il ne faut pas se contenter de prendre en considération l'évaluation objective, distanciée et méfiante de la réalité à laquelle se livrent les pessimistes. En effet, on a constaté que dans la vie quotidienne, les optimistes font preuve de davantage de réalisme et de pragmatisme que les pessimistes. Une étude a exposé à des consommatrices de café un rapport énumérant les risques de cancer du sein causés par de fortes doses de caféine. On a constaté qu'une semaine plus tard, les optimistes se souvenaient mieux des détails du rapport scientifique et en tenaient plus compte que les pessimistes dans leur conduite. Par contre, les pessimistes n'avaient pas retenu grand-chose et n'avaient pas modifié leur comportement, estimant à tort qu'il était inutile et vain de changer quoi que ce soit à leurs habitudes. De plus, les optimistes se concentrent attentivement et sélectivement sur les risques qui les concernent vraiment, au lieu de s'inquiéter inutilement et inefficacement de tout. Ainsi, ils maintiennent dans la vie courante un niveau de sérénité et de calme relativement constant et réservent leur énergie pour de vrais dangers.

Si l'on observe la manière dont les gens perçoivent les événements de leur vie, apprécient la qualité du moment vécu et construisent leur futur en surmontant les obstacles grâce à une attitude ouverte et créative, les optimistes possèdent un avantage indéniable sur les pessimistes : un grand nombre de données montrent qu'ils réussissent mieux aux examens, dans leur profession et dans leur couple, vivent plus longtemps et en meilleure santé, ont plus de chance de survivre à un choc postopératoire et sont moins sujets à la dépression et au suicide. Une étude a été conduite sur plus de neuf cents personnes admises dans un hôpital américain en 1960. Leur degré d'optimisme, ainsi que d'autres traits psychologiques, avaient été évalués par des tests et des questionnaires. Quarante ans plus tard, il s'avère que les optimistes ont vécu en moyenne 19 % plus longtemps que les pessimistes, soit seize ans de vie pour un octogénaire !

Par ailleurs, on sait que les pessimistes ont huit fois plus de chances de sombrer dans la dépression lorsqu'ils sont confrontés à d'importantes difficultés. En outre, "ils ont des résultats scolaires, sportifs et professionnels inférieurs à ce que leurs capacités laissaient présager et ont plus de difficultés relationnelles." On a ainsi démontré que l'aggravation de la dépression était causée par la dépression elle-même et non le contraire, car si l'on apprend aux patients dépressifs à remédier spécifiquement au pessimisme en transformant leur vision des choses, ils sont nettement moins sujets à des rechutes. Il y a des raisons précises à cela : le pessimisme est un *mode d'explication* du monde qui engendre une *impuissance acquise.*

A ce titre, il est intéressant d'observer les pensées conscientes et subconscientes, les commentaires intérieurs, qui surgissent dans l'esprit de ces deux types de personnalité et accompagnent leurs décisions et actions. Ainsi, un optimiste jugera-t-il le plus souvent ses difficultés momentanées, contrôlables et liées à une situation particulière. Il dira : "Il n'y a pas de quoi s'en faire un monde ; ces choses-là ne durent pas. Je trouverai bien une solution et, de toute façon, d'habitude je m'en sors." Le pessimiste envisage ses problèmes sur une longue durée ("Ce n'est pas le genre de choses qui s'arrangent."), estime qu'ils échappent à son contrôle ("Qu'est-ce que vous voulez que j'y fasse !") ou sont intrinsèquement insurmontables ("Ce problème est insoluble.") Il estime aussi abriter en lui-même quelque vice fondamental et déclare : "Quoi que je fasse, c'est chaque fois la même chose". Il présume que la situation est sans issue et conclut : "Je ne suis pas fait pour être heureux."

Le pessimiste anticipe constamment le désastre et devient une victime chronique de l'anxiété et du doute. Le pessimiste voit une menace dans chaque nouveauté et guette les catastrophes. L'optimiste, en revanche, est confiant dans le fait qu'il est possible de réaliser ses aspirations et qu'avec patience, détermination et intelligence, il finira par y arriver. De fait, le plus souvent, il y parvient.

Derrière l'optimisme éclairé se cache un grand nombre de qualités : l'espoir, la détermination, la faculté d'adaptation, la lucidité, la sérénité et la force de caractère, le pragmatisme et le courage. Au lieu de se dire "tout est fini !", l'optimiste considérera la situation actuelle comme un point de départ, il trouvera une solution de rechange au lieu de stagner dans l'échec et comprendra qu'il est essentiel de faire des efforts soutenus dans la direction qui semble la meilleure, au lieu d'être paralysé par l'indécision et le fatalisme. Il utilisera chaque moment présent pour progresser, apprécier, agir, jouir de la paix intérieure au lieu de perdre son temps à ruminer le passé et à redouter l'avenir. Bref, en entendant une porte grincer, l'optimiste pense qu'elle s'ouvre et le pessimiste qu'elle se ferme.

L'optimiste, ayant envisagé et essayé avec diligence toutes les voies possibles, et même s'il échoue momentanément, ne connaît pas le regret ni le sentiment de culpabilité. Il sait prendre du recul et reste prêt à envisager une nouvelle solution, sans porter le fardeau des échecs précédents et sans s'imaginer constamment que le pire l'attend au prochain tournant. De ce fait, il conserve sa sérénité. Sa confiance est ferme comme une étrave et lui permet de fendre les flots de l'existence, qu'ils soient calmes ou tumultueux.

L'optimiste sait trouver en lui-même les ressources nécessaires pour surmonter les vicissitudes de l'existence et envisager des solutions qui exigent du courage et de l'audace pour affronter les obstacles et les dangers qui se dressent devant lui.

L'étude d'un groupe de patientes atteintes du cancer du sein et suivies pendant quinze ans et une étude similaire concernant des hommes malades du sida ont montré que celles et ceux qui, après avoir appris qu'ils étaient atteints d'une maladie incurable, pensent : "Je suis fichue" ou "Je suis un homme mort", et sombrent dans une résignation passive ou désespérée, meurent plus vite que ceux qui profitent des derniers mois de leur vie pour réévaluer leurs priorités et utiliser le temps qui leur reste de la manière la plus constructive possible.

Le pessimiste voit dans l'adversité une constante irrémédiable, ce qui l'amène à penser : "Je suis quelqu'un qui ne réussit jamais". S'ils ont commis un acte néfaste, ils s'accusent avec véhémence : "Je suis horrible" au lieu de reconnaître simplement : "J'ai commis un acte horrible". Ils ont tendance à solidifier les choses au lieu de les considérer comme un flux dynamique de causes et de conditions que l'on peut certainement s'employer à transformer.

Le pessimisme est un handicap qui étouffe l'espoir. Au contraire, avec l'espoir de réaliser cent projets, suivi d'une action diligente, l'optimiste finira souvent par en réaliser cinquante. À l'opposé, en espérant n'en réaliser que dix, le pessimiste réalisera au mieux *cinq* projets, souvent moins, car il va consacrer peu d'énergie à une tâche qu'il estime compromise d'avance. La plupart des personnes que je rencontre sans cesse dans les pays où la misère et l'oppression inspirent leur aide sont des optimistes qui font face avec témérité à la disproportion extrême entre l'énormité de la tâche et la précarité de leurs moyens.

L'optimisme s'engagera dans cent projets. Il ne les réussira pas tous, mais du fait qu'il est convaincu de trouver les moyens d'arriver à son but et qu'il ne se décourage pas, qu'il fait preuve d'imagination, il finira par en réaliser un grand nombre. Typiquement, le pessimiste pensera : "il y a très peu de chances que ça marche. De toute façon, les autres vont essayer de nous escroquer et, qui plus est je ne suis pas un spécialiste." En fin de compte, il n'entreprendra que peu de projets et en réussira encore moins. Au moindre échec, il abandonnera et aura tout fait pour donner raison à ses sombres prédictions.

Actualiser l'optimisme par l'entraînement de l'esprit

Lorsqu'en réfléchissant au sens de l'existence et à l'éventualité de connaître un mode d'être optimal de tous les instants, une puissante angoisse nous étreint, n'est-ce pas dû au fait que nous n'entrevoyons pas ce potentiel qui est nôtre et que nous anticipons l'avenir en termes de mal-être ? Ne pas comprendre que ce potentiel peut être actualisé, ne voir à l'horizon aucune possibilité de plénitude, pour soi-même comme pour les autres, est certainement la plus grande source de pessimisme et de découragement qui soit.

D'aucuns peuvent penser : "Cette idée d'entraînement de l'esprit n'a aucun sens si, quels que soient les hauts et les bas de l'existence, nous revenons à notre ligne de base ! Que nous soyons optimistes, pessimistes ou déprimés, on finira par y revenir !" C'est là le signe que nous ne sommes pas familiers avec la façon dont fonctionne notre esprit. Nous le laissons vagabonder comme un enfant capricieux. Et de ce fait, le tempérament, les traits de caractère que nous avons acquis dans notre jeunesse et ceux qui constituent notre héritage génétique se maintiennent quasiment intacts. Et nous devenons, au gré des circonstances, des joies et des drames, des êtres optimistes, pessimistes, plus ou moins heureux, ou plutôt déprimés. C'est ce qu'on pourrait appeler notre ligne de base, à savoir le niveau moyen auquel nous revenons toujours quels que soient les aléas de l'existence. On sait qu'il y a une certaine stabilité dans ces traits de caractère. Ainsi, des études ont été menées avec des personnes qui ont gagné à la loterie. Chacune d'elles est très contente en apprenant qu'elle vient de gagner le gros lot. Cet état d'exaltation intense dure quelques jours voire quelques semaines. Toutefois, cette étude a fait ressortir le fait qu'au terme de plusieurs mois, ces personnes étaient revenues au même niveau de satisfaction qu'avant d'avoir été "l'heureux" gagnant : les unes avaient retrouvé leur état de contentement initial, les autres étaient retombées dans leur dépression légère, et certaines avaient sombré dans une dépression profonde parce qu'elles avaient changé leur mode de vie.

Le point fondamental de la notion d'entraînement de l'esprit consiste précisément à modifier cette ligne de base, c'est-à-dire à remplacer peu à peu notre vision des choses par une nouvelle façon d'être.

Reconnaître le potentiel de changement, c'est déjà acquérir une vision profondément optimiste. Cela revient à se dire : "Certes, y a de la boue sur mon vêtement, mais je peux la faire disparaître." C'est là un élément puissant susceptible d'engendrer un espoir de transformation et c'est cela qu'il nous faut reconnaître afin de développer l'enthousiasme suffisant pour entreprendre cette démarche. Nous ne pouvons entreprendre un projet de transformation que si nous en voyons les avantages. Nous n'hésitons pas à faire de la gymnastique, du jogging à six heures du matin avant d'aller travailler parce que nous voyons les bienfaits que confère une bonne santé ;

nous étudions pendant de nombreuses années parce que nous reconnaissons les atouts de l'éducation. Il faut donc percevoir non seulement la possibilité, mais les avantages qu'il y a à nous transformer intérieurement afin de nourrir cette vision optimiste.

Envisager la vie sous un angle positif, c'est avoir confiance dans nos ressources intérieures. En effet, il ne s'agit pas seulement de résoudre les problèmes extérieurs (On ne peut pas tous les résoudre !) mais de se dire lorsque l'on est confronté à une circonstance difficile : "Si quelque chose peut être fait, je n'ai pas de raison de m'inquiéter puisque je fais tout ce qui est en mon pouvoir, pour moi-même comme pour les autres." Mais, si on ne peut rien faire, si c'est au-delà de nos moyens, alors vivre cette situation dans l'anxiété n'a aucun sens.

Actualiser ce potentiel exige des efforts. Il s'agit de transformer notre façon de faire l'expérience du monde, de traduire les conditions extérieures en bien-être ou en mal-être. Que notre esprit soit notre meilleur ami ou notre pire ennemi, c'est avec lui que nous affrontons la vie, du matin ou soir. La façon dont il fait l'expérience des phénomènes caractérise le monde qui est le nôtre. C'est pourquoi, si nous pouvons envisager une transformation, même minime, de notre mode de perception des choses, la qualité de notre vécu s'en ressentira considérablement. Il s'agit là d'une prise de conscience essentielle, car si la réalisation de cette tentative d'épanouissement dépendait entièrement de la transformation des conditions extérieures, elle serait vouée à l'échec. Notre contrôle des circonstances extérieures est limité, temporaire et souvent illusoire ; l'univers n'est pas un catalogue destiné à satisfaire tous nos désirs. Estimer, comme Emmanuel Kant que "le bonheur est la satisfaction de tous nos penchants" dans toute leur "variété", leur "intensité" et leur "durée", le relègue d'emblée dans le domaine de l'irréalisable et nous voue au pessimisme le plus noir.

Par contre, nous pouvons travailler à la transformation de nos émotions, la colère par exemple, émotion pernicieuse par excellence. C'est précisément la tâche de l'esprit et de la méditation. La colère et le ressentiment sont une sorte d'obsession, un cercle vicieux qui fatigue notre esprit, en revenant constamment sur l'objet qui a déclenché l'émotion, ce qui sans cesse l'alimente. Face à ce mécanisme, le bouddhisme préconise d'employer plusieurs méthodes. L'une consiste à avoir recours à un antidote. Dans le cas de la colère, il s'agira de l'amour. Un amour à l'égard de la nature, d'un être cher, sentiment que nous étendons graduellement à la personne qui est la cible de notre ressentiment. La justification de ce mode de résolution d'une émotion conflictuelle (que l'on peut appliquer à toute autre émotion, tels que le désir-attachement, la jalousie, etc.) réside dans la constatation que deux pensées antagoniques (amour et haine) ne peuvent coexister simultanément dans notre flux de conscience.

Toutefois, nous pouvons employer une autre stratégie. Elle consiste à regarder la colère comme nous regarderions un feu de bois ou un volcan en éruption, à simplement poser notre regard sur ce brasier intérieur. Nous constaterons que, graduellement, l'agressivité ne peut que s'amenuiser et disparaitre, comme la gelée blanche qui fond au soleil levant. C'est une expertise que l'on acquiert en se familiarisant avec ce processus. Il ne s'agit nullement de mettre un couvercle sur la colère, de la refouler, de la réprimer, de l'ignorer ou au contraire de la laisser exploser : nous avons su la dissoudre en établissant un dialogue intelligent avec l'émotion.

Ainsi, s'il est éminemment bénéfique d'améliorer le plus possible les circonstances extérieures (longévité, bonne santé, liberté, éducation, création), il s'avère par contre vain de placer tous nos espoirs et nos craintes à l'extérieur de nous-mêmes. L'essentiel est de transformer les conditions intérieures qui régissent le bonheur et le mal-être, d'accroître une vision optimiste et de réduire les réflexes nocifs du pessimisme.

La puissance de l'optimisme

Selon cette perspective, l'espoir apparaît comme une dimension de l'optimisme qui donne une direction à notre existence. Si nous avions la certitude que toutes nos entreprises allaient se traduire immanquablement par de la souffrance, pourquoi nous engagerions-nous dans un quelconque projet ? Entreprendre une formation, exercer un métier, développer des relations humaines, ou tout autre projet, sont des démarches fondées sur l'espoir d'une qualité de vie plus satisfaisante, d'un mode d'être meilleur. Nous nourrissons au plus profond de nous-mêmes l'espoir de construire quelque chose qui nous apportera une profonde plénitude, de sorte qu'au moment de la mort, nous ne serons pas pétris de regrets en contemplant la façon dont nous avons utilisé notre temps.

Mais il y a une dimension encore plus fondamentale de l'optimisme, celle de la réalisation du potentiel de transformation qui se trouve en chaque être humain, quelle que soit sa condition. C'est précisément cette dimension essentielle qui donne un sens à la vie humaine. L'ultime pessimisme revient à penser que la vie dans son ensemble ne vaut pas la peine d'être vécue. L'ultime optimisme, à comprendre que chaque instant qui s'écoule est un trésor, dans la joie comme dans l'adversité. Loin d'être de simples nuances, ces deux attitudes constituent une différence fondamentale dans la façon d'appréhender l'existence et le monde. Un tel écart de perspectives s'explique par le fait d'avoir ou non trouvé en soi cette plénitude qui est seule apte à nourrir une paix intérieure et une sérénité de tous les instants.

Le petit soldat sans Autre

Françoise CHEBAUX, pédagogue.

A ce petit soldat il manque un bras, se cherchant toujours dans le regard de l'autre, il n'existe pas vraiment à ses propres yeux. L'interdit de se nuire. Aussi vital que l'interdit de nuire à l'autre, version éducative de l'interdit de tuer. Il a deux bras l'interdit. Il donne un tour humain au petit d'homme. Deligny à chercher un milieu riche d'occasions, nous met sur le chemin du détour, le seul qui vaille pour chercher l'autre. Il nous invite en nous, à cesser de penser d'emblée empacté. Il parle de l'autiste lui, bien sûr, mais il y va de tout autre, n'est-ce pas ? Parce que l'homme empacte. Il dit les frontières et distribue les cartes de séjour. Pourtant Claude Lévi-Strauss déjà, Philippe Descola [1] récemment, ont pointé l'erreur, l'erreur inéluctable de l'homme d'avoir mis une frontière entre les espèces et la sienne.[2] Et Deligny de commenter : il y va d'un aveuglement et d'une surdité, dit-il. Aveugle et sourd à l'autre, aux autres, à tous ces autres qui sont décrétés non-humains. L'homme aime donner des leçons. Il sait. Il sait d'un savoir qui s'est fait oublieux des fractures, de celles où d'aucuns ont édifié la grande muraille de la barbarie. Et ça continue, sous d'autres formes. La barbarie d'aujourd'hui s'appelle l'intégrisme. Il est dans tous les camps. Il emprunte toujours les mêmes chemins : la conformation au même, au même qu'il dit que l'autre doit être. Il recrute chez les petits soldats à qui il manque un bras. Ils habitent tous au même endroit : dans le no man's land de l'exclusion... de l'Autre. Y'a pas d'Homme, là. Dolto dit que c'est la peur qui explique la barbarie. Les gens qui font du mal à ceux avec lesquels ils vivent ou à ceux qu'ils aiment, ce sont des gens qui n'ont pas compris qu'ils étaient des humains ; ils se comportent comme des singes de tribu qui ne veulent pas de la tribu voisine, dit-elle.[3] Ils ont peur de quoi ? De parler. Ils ne sont pas des humains, parce qu'ils ont peur de parler, ils ont peur des autres humains, précise-t-elle. Peur, voire phobie : de la subjectivité. Cela se comprend !

Ecoutez voir...

Des animaux dénaturés : voilà ce que nous sommes ! propose Vercors dans la bouche de l'un des personnages de sa fable éponyme. C'est que, dans sa fiction, l'animal ignore sa propre ignorance, tandis que l'homme se voit seul, abandonné,

---

1 P. DESCOLA, *Par-delà nature et culture*, Gallimard, 2005.

2 F. DELIGNY, *Les détours de l'agir ou le moindre geste*, Hachette Littérature, 1979, p.142.

3 F. DOLTO, in Jean-Pierre Winter, *Françoise Dolto, les images, les mots, le corps*, Gallimard, 2001, p.134.

mortel, ignorant tout – unique animal sur terre qui ne sait qu'une chose, c'est qu'il ne sait rien – pas même ce qu'il est.[1] Tout plutôt que de savoir ça.

C'est cela qu'il faut comprendre. Boucher le trou : c'est ce à quoi s'occupe le petit soldat qui n'a qu'un bras.

Méconnaissance, la méconnaissance dont parle Lacan, celle que Denis Vasse nous éclaire à sa manière : parce qu'il ne peut supporter la limitation et la différence qui inscrivent l'autre et soi-même dans une même réalité symbolique, le renversement du rapport à l'autre, dans le rapport à l'Autre : il (l'homme) le nie.[2] Je est un Autre. La méconnaissance est l'écot payé à l'évitement de l'altérité. Bertrand Ogilvie qui commente le Sujet de Lacan estime que la méconnaissance n'est pas ignorance, elle n'est pas passive ; elle est active. C'est l'activité même du sujet qui n'en a pas d'autre[3]. Il passe sa vie à ça, notre petit soldat. Il dit qu'il sait pour ne pas entendre et voir qu'il n'est pas Un, mais divisé entre ce qu'il dit qu'il est – le même – et ce qui lui échappe – l'Autre – ce qu'il ne connaît pas et ne connaîtra jamais. Il est, dès lors à lui-même, insaisissable. Il va, allant-devenant, énergie inconnaissable en elle-même, dira Dolto, à la recherche de son accomplissement par la médiation de rencontres sensées, créatrices de sens en chaîne, sens que ni la vie de l'homme ni sa mort ne suffisent à signifier[4]. L'homme, chacun de nous, si c'est un homme (!) est verbe de l'être que nous manifestons, mais qui ne nous appartient pas...

C'est ça sa Parole, sa vérité, le sel de la vie : la différence qu'il est à lui-même. Mais comment voulez-vous accepter cette étrangeté à soi-même, cet inconnu, cet insaisissable, cet écart entre ce qu'il croit qu'il est et ce qu'il est vraiment... – comment le dire à la mode de chaque un ? – comment donc accepter l'Autre en soi, comme en l'autre, si on n'y a pas été initié ? Aveugle et sourd à l'autre, aux autres et parce que... à lui. Cela se comprend. Comment on fait pour initier ? Il suffit de croire. D'avoir la foi. Dans l'homme. Je crois...

Pourtant aussi petit et fou soit-il, l'enfant a toujours l'entendement du parler vrai : Françoise Dolto a initié ce chemin de la foi au risque de la psychanalyse. Si nous n'avons pas fondamentalement enraciné en nous l'idée que cet être humain qui est là, est là parce qu'il désire vivre, nous ne pouvons rien pour lui, pose-t-elle.[5] Il est là, même si on ne sait pas où. Deligny y croyait, lui qui est venu au secours de Janmari qui avait eu trop peur. Lignes d'erre qui se chevêtrent au carrefour d'une rencontre. C'est peut-être ça éduquer : réparer les trous du tissu déchiré ou stopper l'hémorragie de solitude, c'est selon. Je suis là, tu n'es pas seul, je te cherche, je t'entends. Fernand Oury. L'année dernière, j'étais mort, maintenant je suis vivant :

1 VERCORS, *Les animaux dénaturés,* Le livre de Poche, 1952, p.196.

2 D.VASSE, *Le temps du désir,* Seuil, 1969, p.68.

3 B. OGILVIE, *Lacan, le sujet,* PUF, 1987, p.124.

4 F. DOLTO, *Le cas Dominique,* Seuil, 1971, p.199.

5 F. DOLTO, N. HAMAD, *Destins d'enfants,* Gallimard, 1995, p.140.

c'est la dédicace de Miloud à Catherine Pochet.[1] La foi et la rencontre autorisent ça. Mais on n'en sait rien. Impossible transmission. L'initiation, c'est l'impossible de la transmission. Castenada le savait bien.

Pour faire un petit soldat à deux bras, il suffit d'avoir foi en lui, comme sujet de son propre désir, d'avoir foi en lui comme source autonome de désir. Aller le chercher là, et le soutenir. En langage doltoïen cela s'écrit ainsi : l'enraciner dans sa scène primitive. Né d'une rencontre qu'il cherche sa vie durant, notre petit soldat. Il a eu de quoi faire, puisqu'il est là. C'est juste cela éduquer. L'enraciner là, dans ce lieu, non-lieu. Le lieu du Sujet. Je crois.

1 C. POCHET, F. OURY, J. OURY, *"L'année dernière, j'étais mort... Maintenant je suis vivant" signé Miloud*, Matrice, 1986.

L’espoir : ça se travaille !

François COLINET, enseignant en communication.

Etant né en 1979, j’entends souvent dire que j’appartiens à une génération qui pour la première fois risque de connaître des conditions de vie future moins enthousiasmantes que celles de la génération qui nous a précédé. Nos grands parents avaient clairement pour espoir et objectif que leurs enfants “vivent mieux” qu’eux. Nous traversons en ce début des années deux mille une sorte de morosité ambiante qui semble peser comme une chape de plomb sur nombre de nos contemporains. Dans un monde ou tout semble possible et où tout semble permis (par les mœurs ou par la science), l’être humain semble se complaire dans la position de l’individu déconnecté et impuissant, en manque de limites et donc de repères pour pouvoir intervenir concrètement dans la marche d’un monde qui le dépasse.

Pour autant, le monde tourne-t-il vraiment plus mal aujourd’hui qu’hier ? A voir...

Le chômage atteint des sommets en Belgique et en Europe depuis plusieurs années ? C’est vrai, mais en parallèle le nombre de personnes actives sur le marché du travail n’a jamais été aussi élevé.

La précarité des conditions d’existences est une réalité pour un nombre croissant de citoyens ? C’est vrai. Malheureusement, la pauvreté reste le quotidien d’une part toujours trop importante de la population, même en Belgique. Ceci étant, notre pays possède un des systèmes de sécurité sociale, de soins de santé et de minimums d’existence parmi les plus performants au monde. Celui-ci permet à une part très importante de la population de se maintenir dans des conditions de vie décentes, même dans les temps de crise que nous connaissons.

La délinquance, en particulier des jeunes, est de plus en plus préoccupante ? Il est vrai que l’on a plus connaissance qu’avant des faits de violence qui sont commis, à cause notamment de l’exploitation médiatique (souvent médiocre et très peu informative) qui en est faite. Cela ne signifie pas pour autant que les faits recensés par les autorités soient en augmentation. Les statistiques criminelles sont au contraire en constante diminution depuis quelques années. Quant aux jeunes, aucun chiffre n’a pu prouver qu’ils se livraient à davantage d’actes délictueux que leurs prédécesseurs.

Les banques s’enrichissent grassement sur le dos des petits épargnants ? C’est vrai, mais le système bancaire, même s’il est sérieusement mis en difficulté aujourd’hui, amène une sécurité financière indispensable au développement économique (et donc par extension sociale) du pays. Cela permet par exemple à des milliers de petites entreprises de grandir sur des bases solides. Les banques permettent aussi chaque année à davantage de citoyens de devenir propriétaires de leur habitation.

Le fossé des moyens financiers ne cesse de se creuser entre le nord et le sud ? C'est vrai et c'est très préoccupant, particulièrement en ce qui concerne les modalités d'échanges commerciaux (voyez les derniers échecs des négociations à l'O.M.C.) mais la croissance économique moyenne des pays africains n'a jamais été aussi élevée. On remarque par ailleurs que 2 % de l'épargne des Belges sont aujourd'hui investis dans des produits financiers éthiques liés au développement de projets dans le Sud où à la préservation de l'environnement. Des petits pas, mais des pas quand même.

La plupart des lieux publics ne sont toujours pas accessibles aux personnes handicapées ? C'est vrai mais la plupart des grandes villes européennes ont fortement amélioré leurs infrastructures, rendant ainsi possible pour ces personnes toute une série de déplacement (bus, métro, taxi) et d'activités (travail, théâtre, cinéma, expos, concerts...) impensables il y a quelques années à peine...

Par cette énumération, mon but est simplement de montrer que tout n'est pas si noir en ce début de XXIème siècle. Qu'a mon sens certaines choses vont mieux et d'autres moins bien et qu'il serait trop facile de jeter le bébé avec l'eau du bain et de se laisser paralyser par la sinistrose.

Pourtant, nos contemporains semblent pour une bonne partie avoir renoncé à influencer la construction de leur quotidien et préfèrent s'en remettre à l'espoir de meilleurs lendemains.

Mais au fond, Qu'est-ce que "l'espoir" ? A mon avis il faut y voir d'une part, la traduction de ce qui nous pousse à vivre notre vie jour après jour, en acceptant les difficultés et les désillusions qu'elle comporte, mais en se ressourçant aussi de tous les bonheurs qu'elle apporte. D'autre part, le terme "espoir" peut être compris comme un vœu, un souhait que l'on adresse à la Providence, à Dieu ou au destin selon nos croyances. Espérer est une manière de s'en remettre à quelque chose de "supérieur", de non maîtrisable.

Cette dernière vision nous paraît toutefois trop simpliste pour répondre à la question que pose cet ouvrage collectif. Pour pouvoir porter cet espoir au quotidien il faut me semble-t-il pouvoir le nourrir, le remplir, passer d'un espoir "vœu" à un espoir "action - construction". C'est cet ancrage dans le concret du réel que l'être humain contemporain à progressivement perdu au profit de la position de l'individu isolé et déraciné. Un individu que l'on peut considérer comme "non situé" qui de ce fait ne sait plus faire le pas de côté nécessaire pour regarder la situation avec une distance indispensable à la nuance.

Pour expliquer les raisons de cette évolution de la manière dont nos contemporains arrivent (ou n'arrivent justement plus) à envisager le rôle qu'il peuvent jouer pour influencer l'évolution du monde, de "leur" monde, et pour essayer de relancer une dynamique de construction, plusieurs arguments peuvent être avancés:

Un constat :
si tout est possible, alors rien n'est réel !

Je me suis beaucoup intéressé à la pensée du philosophe argentin Miguel Benassayag et je partage avec lui l'idée selon laquelle la base du comportement de type individuel caractérisant nos contemporains est à trouver dans la relation particulière que les hommes et les femmes d'occident ont progressivement construit entre les notions de liberté et de domination.

Porté depuis le XVIIème siècle par les philosophes des lumières, le paradigme de la rationalité s'est associé aux progrès scientifiques pour insuffler à l'homme l'illusion qu'il pourrait un jour tout maîtriser. Le grain de sable de la Complexité (notion chère à Edgar Morin) est depuis venu compromettre ce rêve de domination absolue et la tristesse et l'immobilisme se sont alors emparé de l'individu. Celui-ci envisage le bonheur comme une situation dans laquelle rien ne viendrait remettre en cause son pouvoir de maîtrise. Différents éléments de la vie quotidienne nous amènent à le penser : estompement des limites géographiques grâce aux moyens de transport de masse, confusion dans les limites spatiales et temporelles grâce aux moyens de communication moderne (télévision, téléphone, Internet) qui apportent à domicile et sur demande des bouts de réel qui nous donnent l'illusion d'avoir accès au monde entier sans bouger de chez soi. Sans oublier la numérisation des supports de divertissement qui permettent de quasi tout modifier à notre guise (photos et vidéos numériques et leurs inséparables logiciels de retouches) ou de tout stocker à domicile sans débourser le moindre sou (téléchargement de musique et de films) sans devoir opérer un choix, donc par définition sans devoir renoncer, faire le deuil de quelque chose. Toutes ses prouesses techniques contribuent à la construction d'un environnement de plus en plus dématérialisé, désincarné (une œuvre artistique n'est ainsi plus considérée comme le fruit du travail d'un être humain, mais plutôt comme une suite de codes binaires téléchargeables) dans lequel les obstacles et les limites sont devenus synonymes d'entraves à la liberté de chacun, placée comme valeur cardinale de notre société. Plus de limites et donc plus d'attente dans un monde où le "tout, tout de suite"qui devrait en apparence supprimer la frustration, mais entre les apparences et la réalité il y a un pas!

Aujourd'hui, les médias, essentiellement audiovisuels, façonnent à leur guise une bonne partie de notre environnement immédiat: en effectuant eux-mêmes le choix de ce qui sera montré et de ce qui ne le sera pas, en décidant de la hiérarchie des informations a faire passer et en vendant au public ces choix éditoriaux comme "tout ce que vous **devez** savoir sur l'actualité de la veille", ils se substituent au téléspectateur en lui livrant un produit pré mâché censé répondre à son "envie de savoir". Ce subterfuge qui consiste à vendre la partie pour le tout et à occulter tout le reste, c'est à dire, tout ce que les patrons de chaîne n'ont pas choisi de montrer pour diverses raisons, renforce l'individu dans son illusion de maîtrise totale. "*Je suis au courant de tout ce qui est important puisque j'ai vu le J.T.*" Et tout cela, sans bouger !

Ainsi, l'illusion du "tout est possible" éloigne du concret de la vie et empêche d'accepter les contraintes du réel. Tant qu'il restera dans cette position d'individu, l'Homme ne pourra se vivre que comme un élément sans racines, espérant le meilleur, mais craignant le pire avec la perpétuelle impression d'être dépassé par des événements qu'il ne maîtrise pas, d'être la victime d'événements ou de décisions qui se passent "au-dessus de sa tête".

Le sentiment de terrible impuissance qui en découle l'amène alors à se laisser envahir par cette fameuse sinistrose, que l'on décrit, à tort, comme généralisée. Mais c'est l'individu lui-même qui dans son rapport au monde à (in)consciemment œuvré à la disparition progressive des repères et des limites. Les outils techniques et médiatiques qu'il a aujourd'hui à sa disposition ne sont que le produit de cette volonté de mettre la technologie au service de la liberté absolue (d'expression, d'opinion, de mœurs, de culte...) et de l'estompement des frontières quelles qu'elles soient.

Notre société doit donc ré-apprendre puis ré-enseigner à ses enfants que, comme le dit bien Benasayag, "si tout est possible, alors rien n'est réel !" Il est donc temps d'oser sortir de ce qui ressemble fortement à un refus généralisé des contraintes du réel. Pour pouvoir se positionner en acteur concret de son existence, il est primordial de pouvoir passer du statut d'*individu* à celui de *personne*. Qui accepte que les principes fondamentaux de la vie sur Terre ne se discutent pas. Depuis quelques années, la conscience écologique se réveille. Je pense qu'il s'agit là d'un changement de mentalité progressif qui va bien au-delà d'un effet de mode. Mais on remarque tous les jours combien il est difficile pour les Hommes de s'accorder sur des mesures environnementales contraignantes qui limiteraient leur liberté individuelle. Tout le monde est conscient du caractère indispensable de ces mesures et pourtant on avance si lentement. Parce que pour avancer plus vite il faudrait accepter d'à nouveau composer avec "l'impossible", contrainte qui s'impose à nous sans que l'on ait voix au chapitre, mais qui donne à la vie tout son sel, toutes ses aspérités, en un mot: tout son intérêt.

Deuils et limites pour cadrer l'action

Bien des parents peuvent en témoigner, la société de consommation complexifie considérablement leur rôle et amène des difficultés dans la relation qu'ils entretiennent avec leur enfant que nos parents n'ont jamais connues. L'illusion du "tout est possible" (et son corollaire fréquent "tout est permis") s'est insidieusement invité à la table familiale et a ainsi modifié fortement la position parentale. Ceux-ci sont désormais trop souvent obligés de justifier leur choix quand ils décident de refuser à l'enfant tel ou telle objet ou permission.

L'individu, enfant comme adulte, ne tolère aucune remise en cause de sa liberté et de sa puissance absolue. Si l'on veut construire un monde fait de reliefs et de différences conçues comme une force et non pas comme une faiblesse, c'est bien sûr là-dessus qu'il faut travailler. Il faut redonner une place à la fatalité, au deuil, aux limites de nos pouvoirs d'être humain. Ce sont ces limites fatales qui nous permettent de nous situer puis d'avancer. Pas en les acceptant d'un seul coup, toujours et tout le temps, mais en "faisant avec".

Plus facile à dire qu'a faire ? Assurément! Chacun doit à certains moments de sa vie composer avec des limites, des deuils, des rêves inaccessibles. En arrivant dans ce monde, nous partons tous avec un bagage différent et donc profondément inégal et injuste. Pour ma part, je suis atteint d'un handicap qui façonne mon quotidien depuis ma naissance et m'oblige à me déplacer en fauteuil roulant. Être obligé de "faire avec" cet handicap, un jour après l'autre, est bien évidemment difficile et parfois très douloureux, physiquement, mais surtout psychologiquement. Parce qu'il faut apprendre à renoncer à certains rêves, à adapter son quotidien en fonction de ses capacités, à repenser ses objectifs et ses priorités. Certains jours j'ai la rage au ventre, et la tristesse m'envahit, je rêve tellement fort de pouvoir m'extirper de ce corps fatigué et fatiguant et je maudis ce qui m'empêche de demander des comptes à la Vie et à sa plus fidèle compagne, la fatalité.

Mais ce sont mes limites à moi, ma réalité, mes contraintes du réel que je ne peux qu'accepter, sans toutefois m'y résigner. Parce que pour moi la résignation signifierait le refus de la vie et de ses possibles. Parce que nous pouvons bien sûr passer notre temps à regretter ce que nous ne sommes pas, à être en colère sur La Vie parce qu'elle ne nous a pas apporté ce que nous attendions, à pleurer ceux qui sont partis et à attendre que le bonheur advienne. Mais l'attente et la colère, si saines et légitimes soient-elles, épuisent les énergies et n'ont jamais rien construit.

Certains sont plus forts que d'autres pour faire face aux différents coups du sort que la vie nous réserve. Et c'est justement parce que le monde du "tout est possible" nous rend infiniment plus vulnérables face aux douleurs de la fatalité qu'il faut repenser notre mode d'être au monde.

En d'autres termes, nous devons, dans notre rôle éducatif de parents, d'enseignants.., refaire une place à nos impuissances et à notre finitude, à notre fragilité. Au lieu de vouloir à tout prix trouver un coupable à nos défaillances, l'enjeu serait d'arriver à considérer la fatalité et les deuils qui l'accompagnent non pas comme un ennemi à repousser le plus loin possible dans l'illusion de pouvoir un jour l'éliminer, mais bien comme le cadre de situations à l'intérieur desquelles nous pouvons agir concrètement. En sachant d'où nous venons et vers quoi nous souhaitons nous diriger, mais sans jamais être certain que l'on arrivera là où l'on pensait arriver.

La sinistrose ambiante nous pousse à espérer c'est-à-dire à attendre "les jours meilleurs", que chante si bien Maxime Le Forestier, sans être acteur de ce bonheur à venir. C'est pourquoi je pense que l'espoir doit s'entretenir à l'aide d'actions concrètes en situation. Tout en sachant que les situations ne sont pas transitives vers un but à atteindre, mais que les changements ne seront concrets et efficaces que dans l'"ici et maintenant".

Pour espérer, l'effort ne doit pas nous être épargné !

Dans un environnement technico-médiatique qui donc nous vend l'illusion de pouvoir tout faire et tout décider, tout modifier et tout maîtriser selon notre volonté, nous avons vu qu'accepter ne fût-ce que l'idée d'une limitation de notre prétendue toute-puissance demande un effort intellectuel important.

Cet effort nous paraît d'autant plus exigeant qu'il doit s'effectuer à contre-courant de nos pratiques. J'ai indiqué plus haut les facilités qu'apportent les nouvelles technologies et leurs applications les plus diverses. Loin de moi l'envie de tenir un discours anti-technologique rétrograde qui ne reconnaîtrait pas à ces évolutions leurs multiples avantages et intérêts pour notre vie quotidienne. Je formule plutôt le souhait que nous puissions utiliser ces avantages technologiques avec recul et intelligence et que ceux-ci puissent nous aider à effectuer de temps à autre ce décalage tellement nécessaire à la nuance. Ainsi, trop de gens, et de jeunes en particulier, pensent par exemple qu'Internet est un outil béni pour les aider à "écourter le temps de recherche" pour un travail donné et que tout ce qui se trouve sur la Toile est forcément une source fiable (comme c'est d'ailleurs le cas pour la télévision.) L'information se consomme aujourd'hui à notre insu, beaucoup plus qu'elle ne se vit ou se réfléchit. Les éléments de contexte ou d'analyse se font de plus en plus rares pour laisser la place à "l'essentiel", au direct à l'émotion, qui se regarde sans effort avec l'impression de "vivre l'événement" puisqu'on a pas les repères nécessaires pour le réfléchir, et donc éventuellement nuancer son importance.

Mon espoir serait qu'au contraire Internet puisse être considéré comme un outil, une interface technologique qui mette à notre disposition des éléments, des repères, qui viendront nourrir ce besoin de nuances et ouvrir des perspectives de confrontations et de débat d'idées. Puisque l'ère virtuelle permet maintenant à un internaute bruxellois de correspondre avec un parisien, un malien, un malgache, un new-yorkais, et que les transports autour de la planète n'ont jamais été aussi démocratiques, profitons-en pour être curieux, pour aller découvrir sur place la réalité de l'autre, pour oser l'effort de la rencontre d'autres univers, mais aussi d'autres contraintes auxquelles, pas plus à Ouagadougou qu'à Bruxelles nous ne pouvons nous soustraire.

Dans un monde qui se veut global, international, sans frontières, multiples et donc, par la force des choses de plus en plus impersonnel, nous, parent, enseignant, personnel éducatif, référant... devons plus que jamais transmettre ce goût de l'effort, sans lequel aucun apprentissage n'est possible, et proposer des points de repère, des balises, qui permettent à la jeune génération de ce situer. Comme un jeune enfant est angoissé par l'absence de limites qu'il cherche en permanence pour savoir quelles sont ses marges de manœuvre, l'esprit critique et les convictions ne peuvent se construire que dans un environnement sécurisé par des limites et des repères pas forcément indiscutables, mais en tout cas bien identifiés. Nous devons médiatiser le savoir au sens premier du terme pour le sortir de ce flot continuel d'informations qui ne font sens pour personne. Il ne faut jamais hésiter à questionner les évidences, à demander à chacun de se positionner par rapport à un événement et d'en discuter pour pousser à l'effort d'argumentation. C'est la une condition sine qua non pour permettre à chacun de (ré)investir de l'énergie dans l'effort de la nuance. A l'heure où les possibilités scientifiques multiplient les questions d'ordre éthiques, les avis, même tranchés, sont donc importants à transmettre, sinon comment apprendre à se situer ? Ce n'est pas parce que quelque chose est maîtrisable qu'il est automatiquement souhaitable de le maîtriser. La nécessité de la nuance n'empêche pas les convictions. Au contraire, elle les construit et les légitime.

Cet effort doit permettre à chacun d'opérer le choix d'actions concrètes dans lequel il souhaite s'investir. Quand on arrive à circonscrire son champ d'action, on peut alors, en connaissance de cause, réinvestir des combats portés par des convictions nuancées.

C'est une position volontariste qui invite à parier sur la vie maintenant plutôt que sur l'espoir de demain. La vie un jour après l'autre, le développement des projets en réponse à l'impuissance ressentie comme générale.

Ces projets entrent dans le concret par le biais des actions restreintes, ces actions qui n'ont pas peur de prendre en compte le réel et qui, en respectant leur caractère limité, peuvent concrètement influencer une situation donnée.

En conclusion, je formule l'espoir que l'Individu, ainsi devenu *personne,* situé et enraciné à l'intérieur des limites de sa réalité, puisse comprendre que la réalité d'ici n'est pas celle d'ailleurs et puisse alors multiplier les engagements dans des projets concrets parce que restreints. Partout sur la planète, il y a matière à ce type d'engagement qui peut, qui doit, prendre de multiples formes en fonction des forces de chacun. A l'heure du monde global et impersonnel, c'est tant dans l'action de ces milliers de femmes et d'hommes actifs localement dans des projets de coopérations, de rencontres de l'autre sans imposer de modèle, de construction d'un monde plus juste que dans la curiosité insatiable des nouvelles générations, avides de repères et de clés pour comprendre leur monde et en dessiner de nouveaux contours, que je trouve de réelles raisons d'espérer.

Cher Saint-Nicolas

Bruno COPPENS, humoriste.

Cher St-Nicolas,

Je t'écris pour te prévenir avant que tu ne décolles sur ton traîneau ! Fais gaffe dans le ciel avec tes cerfs ! Fais gaffe à la grippe à vipères ! T'approche pas des oiseaux de mauvais augure, des poulets qui pondent des œufs brouillés et de tous leurs cousins germants. Tu sais, les poules sont malades, elles ont attrapé le chicken rhume. Alors si tu les touches, t'attrapes des boutons qui grossissent, ça devient des boules ! Et il paraît qu'avec rien qu'une boule, tu sens déjà le sapin ! Attention ! T'as la mort aux frousses, St-Nicolas ! Et la grippe à vipères, ça se propage et ca s'typhus très vite !

Cette année, j'veux qu'un truc : du chocolat ! Mais beaucoup, pasque le chocolat est un gentil-dépresseur et moi, je suis gentil-dépressé. D'abord pasque je croyais que t'existais pas ! En classe, ma copine Victoria, elle a posé un bisou sur un crapaud qu'on allait disséqueter : y'a pas eu de prince charmant ! Les adultes, i'racontent que des mensonges ! Du coup, je pensais que toi aussi... Mais t'existes pour du vrai ! J'ai même vu dans les livres où t'étais né ! D'après l'atlas de géchographie, t'es né en Asie Mineure. C'est pour ça que t'es l'ami des enfants : l'Asie Mineure ! Mais, cette région, c'est la Turquie ! ? ! Donc, t'es turc, St Nic ? ! ? C'est pour ça que tu viens chez nous la nuit parce que les turcs, i'peuvent pas entrer en Europe, pas avant... 2034 au moins ! Et ta barbe, c'est pour qu'on voit pas ta tête de turc ? Le turc, c'est le book hémisphère de la commission europaïenne qui a si peur des islamystiques. Pourtant, t'es plus gentil que l'autre barbu-là qui fait des video-gag rien que pour embêter Georges Bush II : Ben La haine.

Et puis va pas en France, il est capable de te faire abattre, le Nicolas Sarkostique, tu sais celui qui voulait tout nettoyer les banlieues au karcher ! Nicolas : l'homme qui tombe Harpic ! Il parle de plus en plus comme Jean-Marie Le Teigne depuis qu'il a décrétin qu'il avait des tas d'urgences contre les jeunes qui lancent des fétards pirates ou déposent des colis suspects alors fais gaffe avec tes cadeaux dans les cheminées, surtout que t'es considéré comme un travailleur dénigré qui rentre illégalement chez les gens la nuit !

Mais maintenant que j'sais que t'es vrai et vraiment l'ami des enfants, St Nic, je veux que tu sois notre Saint-Nicaliste ! Et je vais me St Nicer dans ton Saint-Nicat ! Oh ! Je sais qu'il y a déjà les droits de l'enfant mais je veux pas de droits, moi, je veux des bonbons, des trucs sucrés ! Seulement, y'en a une qui est pas d'accord ! Et toi qui est le St Nicaliste, patron des écoliers, tu va aller lui dire à elle, la ministre de l'éducastration nationale qu'elle n'est plus la bien venue depuis qu'elle a mis ses pattes sur mon distributeur de coca ! Comme si le coca était à fuir comme un pepsiféré ! La classe déprimaire, c'est vraiment déprimant !

T'imagine ! Les adultes, i'peuvent polluer avec leur oxyde de cambrone, pas signer l'accord du Kilotto et moi, un papier jeté à terre et j'suis bon pour l'internat ! Interné, c'est fou non ?

Les grands peuvent tuer des irakbiens et des côtes ivauriens et moi, un coup de pied, paf ! J'suis plus puni que Milosévice ! Les grands coupent l'espoir en deux et moi, je dois manger ma pomme tout seul jusqu'au bout ? Ils font la guerre et nous, on doit faire la paix ? Mais c'est le monde à l'enfer ! Si les enfants doivent être ce que les parents sont même pas capables d'être... J'ai pas le gabarril pour supporter, c'est trop lourd pour mes fraîches épaules, St Nic !

Et la crise sur le gâteau, c'est quand je rentre chez moi ! Comme parents, j'ai une mamangoissée et un père hâtif ! Que des ordres : “Peux pas !”

“Peupa manger au Mac Do !” Ca c'est depuis que papa a vu qu'en Amériche, y'plein de gens grobèses genre Michaël Moore, “l'enculeur de Bush” comme dit mon Papy qu'on a mis dans un immobile home pour être sûr qu'i'parte plus jamais...

Peupa mettre de gel douche pasque c'est plus mieux le savon de Marcel...

Peupa bouffer le matin des cérégales à cause que dans les boîtes de corn flasques, i'mettent des Hommes GM ! Les Hommes GM, c'est des Ogranismes déchaînétiquement horrifiés et i'm'haïssent ! I'm'haïssent transgénique ! Même qu'ils peuvent détruire mon capital santé en me filant des gastroenterribles.

Peupa... Peupa... Les jours où mon Papa s'appelle mon Pepa, je fais pipi à côté du popot. Alors mon Pepa, i'en peut plus, i'fait Pan Pan sur mon pepet ! et je pleupleure, St Nic.

A la maison, j'ai envie de mettre le feu aux poutres. Je veux m'enfouir dans un trou de mémoire, dans un grand trou noir. Un grand trou noir, oui, pour qu'ils m'oublient tous un peu, qu'ils me lâchent les baskets ! Un grand trou noir perdu dans l'espace pour quitter le système scolaire... Dis, tu m'emmènes, St Nic ? On ira sur la planète Mars ! J'adore les Mars et j'en boufferai des tonnes. Même que mon papatonnerre, i'pourra plus papatonné ! On va tous les St Niqués, St-Nicolas ! Allez ! A la lune, à la 2, à la 3 !

Lucidité ou utopie ?

Albert JACQUARD, biogénéticien.

Pourquoi ces mots seraient-ils forcément antinomiques ?
Pourquoi pas une utopie... lucide ?

Qu'est-ce que l'humain ?

Pour moi, être scientifique consiste à s'efforcer de gagner en lucidité. C'est pratiquement l'une des seules raisons d'être du scientifique. Nous tentons d'être un peu plus lucides que la moyenne. Lorsque nous avons acquis cette lucidité, et que nous en sommes conscients, nous ressentons comme un devoir de la partager. Du moins, nous entendons réagir chaque fois que nous sommes témoins d'une attitude contraire à ce que nous savons être conforme à cette lucidité.

Avant tout, il faut répondre à la question : qu'est-ce qu'un être humain ? Une réponse raisonnable, conforme à ce que nous apprend la science et qui ne devrait choquer aucune religion pourrait être la suivante : un homme est un individu réalisé par la nature, semblable à tous les êtres vivants, mais qui a le pouvoir de se métamorphoser en une personne consciente, à condition d'être tiré hors de lui-même, d'être éduqué.

L'avenir dépend donc en partie de ce que nous en ferons, comme je le répète partout où je le puis. Souvent, au cours de mes conférences, des auditeurs me demandent si je suis optimiste pour l'avenir. Je leur réponds que je ne suis ni optimiste ni pessimiste, mais seulement mobilisé. Je sais en effet que nous avons la liberté de vouloir, habités par la conviction de pouvoir modeler notre avenir en fonction de ce dont nous avons osé faire le projet. Tout projet porte une sorte d'utopie.

Une utopie qui se borne à décrire un rêve irréalisable est plus néfaste qu'utile ; le fossé entre le réel vécu dans l'instant et le souhaitable imaginé pour plus tard apparaît définitivement infranchissable. Tous les abandons sont alors justifiés, tous les projets se heurtent à la lâcheté des "A quoi bon ?" Elle peut être au contraire un facteur de renouveau, être à l'origine d'une dynamique, si elle est reçue en suscitant un "Pourquoi pas ?" Même lorsqu'elle évoque un avenir insolite et lointain, elle doit décrire le chemin qui permet de l'atteindre ; son point de départ ne peut donc être qu'un regard lucide sur la réalité telle qu'elle est perçue aujourd'hui.

Longtemps nous nous sommes contentés, comme tous les animaux, de subir. Nous avons maintenant les moyens de choisir et d'agir. Un chant de triomphe ne serait pas déplacé devant les pouvoirs que nous nous sommes donnés. Sur tous les fronts, nous venons de progresser, contre la maladie, contre la douleur, contre l'obligation du travail. Ce dernier siècle nous a apporté une extraordinaire moisson de possibilités dont nos ancêtres osaient à peine rêver.

Aux besoins des individus se sont ajoutés les besoins *des personnes*. Ces derniers consistent essentiellement en rencontres, car ces rencontres, ces échanges, sont les sources de notre vraie richesse. Encore faut-il qu'ils se déroulent dans le respect mutuel, ce qui, à vrai dire, n'est pas facile.

Dans le petit lopin terrestre qui est celui de nos origines, la Méditerranée, la recherche de respect a pris depuis quelques millénaires la forme de la démocratie.[1] Les pas dans cette direction ont malheureusement été bien lents, car il fallait d'abord répondre aux besoins vitaux.

Aujourd'hui, les avancées techniques permettent de satisfaire ceux-ci à moindres frais ; la chance de notre temps est de pouvoir enfin mettre en priorité la satisfaction des besoins non plus des individus, mais des personnes ; c'est donc un véritable changement d'objectif que devraient nous proposer les économistes, vers un nouveau front que devrait se diriger la lutte collective face aux contraintes du milieu. Hélas, les esprits n'y sont guère prêts. Un des "intellectuels" des plus médiatiques et des plus écoutés actuellement par le pouvoir (Alain Minc), affirmait récemment : "la démocratie n'est pas l'état naturel de la société, le marché oui", et en concluait que le système capitaliste actuel est définitivement installé.

Même si le marché était l'ordre naturel des choses, il ne serait nullement fatal. La construction de l'humanité par ses propres efforts a justement consisté en une lutte permanente contre la nature. Accepter les ukases de la nature, c'est nier la spécificité de notre espèce. Si le marché est "naturel", raison de plus pour tenter d'autres méthodes de régulation de l'économie. Car il exclut les humains des générations futures. Il serait étrange que les attitudes bénéfiques pour les hommes d'aujourd'hui soient également bénéfiques pour les hommes de demain. Là est sans doute le vice fondamental de la théorie économique libérale : elle néglige la majorité des membres de notre espèce, ceux qui ne sont pas encore nés. Or on peut espérer que notre espèce échappera au suicide collectif qui serait une guerre nucléaire ou bactériologique. Elle peut donc poursuivre son aventure durant de nombreux millions d'années.

1 *"Nous devons être conscients de ce que la démocratie est une donnée qui soutient nos vivacités personnelles"*, A. NAYER, "Que faire ? Rien ? Mais ! Si...", dans ce livre, p.130.

L'avenir de l'homme passe par l'éthique

Car, finalement, la grande invention humaine, c'est d'avoir compris que demain sera. C'est pour moi, la chose la plus merveilleuse qui soit, parce que demain n'existe pas, d'un strict point de vue déterministe. Or, j'en ai fait mon obsession permanente ! Et c'est peut-être la meilleure définition de l'humanité : la portion d'univers qui inventa que demain serait. D'ailleurs, ce concept de "demain" est étrange : tout est fonction d'hier, tout existe au présent, et moi, j'ai inventé d'être obsédé par demain. Depuis que nous avons inventé demain, l'idée est devenue contagieuse.

Car en démontrant que demain n'existe pas, je prouve qu'il n'est pas "préfabriqué". Et la liberté naît de cette part d'indétermination. Par conséquent, j'ai la possibilité de forger cette liberté. Mais, pour ce faire, il faut que j'appartienne à l'humanité. Je pense que la liberté se définit par opposition au caprice : la liberté n'est pas synonyme de "faire n'importe quoi". Elle consiste au contraire à se mettre d'accord avec autrui pour décider ensemble de ce que nous allons faire, des contraintes que nous nous imposons. Il s'agit de contraintes auxquelles je finis par adhérer après en avoir discuté avec les autres.

Au bout du compte, être libre ou non revient à se trouver inséré dans une collectivité ou non. Ce que je dis est troublant, parce que j'aurais sans doute préféré être libre seul, sans les autres. Mais je m'aperçois que la liberté individuelle est vide.

Il reste à gérer, en bons pères de famille, notre propriété. Cette gestion ne peut être pilotée qu'en ayant constamment à l'esprit les conséquences lointaines de nos actes du moment. Le marché prôné par les théories libérales est évidemment à l'opposé de cette attitude puisqu'il ne donne la parole qu'aux présents.

Sur la planète aux ressources illimitées qu'imaginaient les hommes d'autrefois, il était normal de ne prendre en compte que les contraintes présentes pour orienter les décisions. Il était alors raisonnable de mettre en place un mécanisme libéral de fixation des prix. Nous savons aujourd'hui que cette vision est à l'opposé de la réalité. Mais il n'est pas évident que de nombreux économistes, et les hommes politiques qui les écoutent, aient opéré la remise en cause nécessaire.

Il faut maintenant accomplir l'étape suivante ; ce sera la réalisation d'une démocratie planétaire. Cela suppose qu'aucun groupe, aucune nation, ne puisse se réfugier dans un splendide isolement, qui serait la négation de l'appartenance à l'humanité.

Pour chaque individu, l'isolement ne génère pas la liberté ; celle-ci ne peut résulter que de la prise de conscience de l'existence de l'autre et de la nécessité du respect. C'est parce qu'il s'ouvre à l'autre, et non parce qu'il se défend de l'intrusion de l'autre, que chacun peut se sentir libre. De même, pour un peuple, l'insertion dans une collectivité **planétaire** suppose la prise en compte et le respect des autres.

Cela exigera la mise en place d'une *démocratie de l'éthique* beaucoup plus délicate que la mise en place d'une démocratie de la gestion. Il s'agira de définir un comportement respecté par tous à partir de la diversité des impératifs exprimés par chacun. Cet objectif suppose un accord général sur un noyau commun accepté en préservant leur spécificité, leur diversité, par tous les peuples, toutes les cultures. Ce noyau commun ne peut être dégagé que par une réflexion sur le sens donné à chaque parcours de vie, et, pour commencer, une réflexion sur l'aboutissement de ce parcours, qui est le même pour tous.

Ensemble...

Et pourtant que de guerres, de massacres, de misères, de désespoirs ! La cause de ce lamentable gâchis ne peut être trouvée ailleurs qu'en nous-mêmes. Quel est donc le ver dans le fruit ? Je me hasarde à proposer une hypothèse. Ce ver qui pourrit tout ne serait-ce pas l'attitude que nous adoptons envers les autres ? Cette attitude est aujourd'hui (peu importe que ce soit dû à la nature ou à la culture) fondée sur la méfiance, la compétition, la lutte. L'évidence est pourtant que la coopération est seule féconde. Nous l'oublions, car nous nous trompons sur la définition de nous-mêmes. Lorsque nous disons "je", nous pensons à l'individu autonome, localisable, identifiable, unique, que nous sommes. Mais nous ne sommes pas que cela.

Nous pourrions avec plus de vérité évoquer la personne qui s'est développée en prenant cet individu pour support. Or, cette personne n'est pas confondue avec son support. Elle est certes unique, mais elle n'est pas localisable, à peine identifiable, car elle est moins un objet qu'un processus. Et ce processus ne peut se poursuivre qu'en bénéficiant des apports des autres.

"Je est les liens que je tisse." Avec cette définition, la compétition, la lutte contre l'autre, apparaissent comme des comportements au mieux infantiles, au pire suicidaires. C'est à ce niveau qu'il faut situer la révolution nécessaire. Qu'il s'agisse de racisme ou de peine de mort, d'intégrisme ou de refus des différences, j'ai toujours tiré les conséquences du même constat : chaque membre de notre espèce est "plus que lui-même" par son appartenance au réseau des rencontres.

N'oublions donc jamais que la caractéristique fondamentale de notre espèce est la construction de la personne de chacun grâce à la rencontre des autres. Seuls les liens que nous tissons nous permettent d'accéder à la conscience d'être.

C'est l'appartenance à une communauté humaine qui nous rend véritablement humain. L'isolement est la négation de ce processus d'accès à l'humanité . La liberté est donc à l'opposé de l'attitude d'isolement ; elle ne peut être qu'une construction collective, aboutissant à un ensemble de contraintes, qui doivent être précisées grâce à la contribution de tous. Cette construction a été réalisée par de nombreux peuples sous la forme d'une démocratie. Les résultats ne sont pas toujours à la hauteur des espoirs, mais les progrès, quoique trop lents, sont visibles.

... par l'éducation

Nous l'avons vu, cette spécificité est la capacité de métamorphose de chacun en une personne construite au moyen des matériaux apportés par la rencontre des autres. Faire de ces rencontres des occasions d'échanges se heurte à mille obstacles. Echanger, tout comme marcher, cela s'apprend.

Cette fonction d'éducation peut être considérée comme l'impératif premier de toute organisation sociale. Elle doit par conséquent avoir la priorité dans la réalisation d'une organisation de l'ensemble de l'humanité. La tâche de cette dernière est donc de mettre en place un système éducatif prenant en charge tous les petits d'hommes. Bien sûr, la diversité des cultures doit être préservée, mais le coût du système éducatif de chaque nation doit être supporté par toutes. Pourquoi ne pas, pour commencer, faire rémunérer tous les instituteurs par un organisme unique, l'U.N.E.S.C.O. par exemple, dont c'est explicitement la fonction ?

Utopique, penserez-vous. Mais si, il y a cinquante ans, on avait proposé de faire bénéficier de primes tous les éleveurs européens aux frais d'un organisme central alimenté par toutes les nations du continent, personne n'aurait cru ce mécanisme communautaire réalisable. Aujourd'hui, il fonctionne. Ce qui a pu être fait à propos de l'élevage des vaches laitières, pourquoi serait-ce impossible lorsque l'objectif est autrement plus exaltant, l'éducation des petits d'hommes ? Ce que les banquiers ont réalisé avec l'interconnexion des marchés financiers, ce que les commerçants sont en train de mettre en place avec l'Organisation mondiale du commerce, pourquoi ne pas le tenter le plus vite possible au service de la seule finalité qui vaille : inventer l'homme ?

Les parents sont les premiers en charge de cet apprentissage ; mais ils doivent être relayés par la collectivité. La fonction première de celle-ci, une fois résolus les problèmes de survie, est d'introduire le petit d'homme dans le jeu des rencontres. Ce qui implique de lui apporter par l'enseignement les richesses de compréhension fournies par l'intelligence de tous. Cette fonction d'enseignement est si essentielle, elle conditionne à tel point l'aventure de chacun, qu'elle constitue le foyer central de toute démocratie. C'est en commençant par l'enseignement qu'il faut faire reculer la barbarie que manifeste le pouvoir de l'argent. L'accès à la possibilité d'être éduqué, sorti de soi-même, doit être offert à chacun comme un droit résultant de son appartenance à notre espèce.

Cela est vrai au sein de chaque nation ; ce l'est aussi pour l'organisation des rapports entre nations. C'est à tous les états de la planète qu'il faudra un jour étendre cette solidarité essentielle. Nous trouvons nécessaire l'envoi d'avions chargés de nourriture dans les pays où menace la famine ; viendra le jour où nous trouverons aussi urgent l'envoi de crédits permettant d'installer des écoles dans les régions où sévit l'analphabétisme.

Une utopie... lucide

J'atteins l'âge où proposer une utopie est un devoir ; l'âge où les époques à venir semblent toutes également éloignées : qu'elles appartiennent à des siècles lointains ou à des prochaines décennies, elles sont toutes tapies dans un domaine temporel que je ne parcourrai pas ; l'âge où la durée qui s'écoule doit être accueillie comme une alliée si l'on ne veut pas la laisser devenir une ennemie implacable. Il est donc temps pour moi de décrire un demain souhaitable, sans me laisser engluer dans les contraintes d'aujourd'hui ou dans les rigidités d'hier. Mais cette urgence est motivée par de tout autres arguments que mon propre parcours ; celui de l'humanité subit actuellement une bifurcation radicale. Responsable politique ou homme de la rue, chacun a conscience d'être emporté dans un tourbillon qui peut nous conduire au pire. C'est la survie même de notre espèce qui est en jeu. Elle peut disparaître brutalement dans un accident nucléaire ; elle peut se laisser sournoisement détruire par son incapacité à reconnaître les obstacles Il est temps de repenser les conditions de cette survie. Toutes les leçons du passé doivent être réinterprétées, les bases de nos raisonnements être repensés ; ce qui était évidence est devenu erreur.

L'accord est unanime sur ce constat : la direction actuelle adoptée par l'humanité ne peut que conduire à une catastrophe. La destruction des richesses de la planète est toujours plus rapide ; la dégradation de son climat s'accentue ; les espoirs en une humanité plus fraternelle se heurtent à un scepticisme généralisé.

Dans cet espace, ce que nous réaliserons ne dépend que de nous. Nous avons le droit, nous avons le devoir, de décrire et de commencer à préparer la Cité idéale.

Ainsi se précise le cadre de notre utopie : une humanité consciente d'ajouter un maillon à la chaîne de l'évolution, une humanité progressant dans une direction qu'aucune espèce n'avait jusqu'ici explorée, celle de la conscience de sa propre existence, et surtout une humanité comprenant que ses pas sont dirigés par *elle-même.*

C'est donc à ceux qui auront à la construire qu'il faut s'adresser : les hommes de demain, ceux que prépare l'école d'aujourd'hui. C'est à eux de devenir plus clairvoyants que leurs aînés, à eux de prendre conscience des erreurs commises et surtout d'adhérer à un objectif commun. C'est à l'école que se joue l'avenir ; c'est donc autour de l'école qu'il faut tenter d'articuler un projet. Les structures à venir de la société seront directement les conséquences directes du système éducatif choisi. Pour l'essentiel, mon utopie est un projet à propos de l'éducation.

Un des rôles de l'école est de participer au maintien, dans la cité, de la paix intérieure sans laquelle toute communauté se délite. Cette paix ne peut être préservée que si chacun respecte les règles de vie décidées en commun. Ce constat nous plonge immédiatement au cœur de la contradiction qu'affronte le système éducatif, si l'on admet que son objectif est d'aider chacun à devenir une personne capable de liberté, liberté de penser comme liberté d'agir. Cette capacité suppose la résistance face aux idées reçues ou aux comportements imposés. L'enseignement doit alors inciter à ne pas répéter les formules d'un maître à penser, ni à imiter les actions d'un chef. Il propose le doute et le choix personnel ; il valorise la non-soumission.

L'école est un lieu où la mise en cause de la réalité présente doit être totalement libre. Elle doit former les jeunes à cette critique, y compris la critique de leur propre comportement. Elle est là pour aider l'enfant à devenir lui-même, un lui-même qui n'est pas défini à l'avance, qu'il ne faut pas faire entrer dans le moule proposé par la famille. Une certaine distance entre celle-ci et l'école est nécessaire pour préserver le difficile équilibre entre les diverses influences. Un enfant est un chantier en effervescence. De multiples sources y participent, les camarades, les lectures, les émotions provoquées par un événement inattendu.

Les éducateurs, dans la famille ou à l'école, doivent s'y résigner : ils n'ont accès qu'à une partie des chemins parcourus par l'enfant à la recherche de lui-même. Leur art est d'être présents sans s'imposer, attentifs sans être indiscrets, disponibles sans être envahissants. Ils doivent lui laisser la liberté de dévoiler des facettes différentes de soi, respecter son jardin secret.

A nous d'agir, pour que tous les humains combattent ensemble leurs ennemis communs : la maladie, l'égoïsme, la faim, la misère, le mépris. Pour qu'ils acceptent enfin l'évidence : chacun peut trouver sa source chez les autres, tous les autres.

Mais pourquoi ces enfants ne tiennent-ils plus en place ?

Françoise PAROT, psychologue.

L'ordre des corps

Les enfants, c'est un fait, dérangent maintenant les projets, les activités, les vacances, les loisirs des adultes pas un cinéma, pas un train, pas une plage sans leur agitation et leur désordre, accompagnés de nos soupirs résignés. Des lieux où ils vivent monte de plus en plus une plainte : on en a marre, ils ne tiennent plus en place, il faut faire quelque chose. Mais comme le mal est fait, et comme rien de simple n'y fait, on se tourne quelquefois vers le docteur comme hier vers le curé, pour comprendre et trouver remède. La pression parentale s'exerce alors ici comme celle des couples auto-désignés "stériles" : "Docteur, aidez-nous." Et là aussi, la réponse en ce lieu ne peut qu'être médicale : on offre d'abord un nom pour la chose, puis quelquefois un médicament pour remédier au désordre.

Ces enfants qui n'ont pas une minute de répit, qu'ont-ils ? Il arrive qu'on réponde aujourd'hui par une expression : un "trouble déficitaire de l'attention avec hyperactivité", un T.D.A.H. Des mots qui s'agencent savamment, un sigle comme si c'était devenu monnaie courante ; voilà qui rassure d'abord, ces enfants-là ne sont pas des enfants loups, des étrangers dans nos maisons, des aliens... Ils sont malades, c'est-à-dire humains, on est humanisé quand on a une maladie nommée ; et ils sont nombreux, on en trouve un peu partout, plus ou moins atteints. Mais cette maladie, d'où vient-elle, comment l'ont-ils attrapée ? Est-ce génétique, constitutionnel ? Certains évoquent des prédispositions, comme pour tout. Ce qui se dit, c'est en tout cas qu'il s'agit d'une maladie des corps. Les techniques sophistiquées de l'imagerie médicale montrent bien que le désordre s'inscrit dans le corporel : les cerveaux de ces enfants ne s'activent pas comme ceux des autres... Les centres de l'attention, de la perception, de la mémoire, les centres d'un peu tout ne marchent pas pareil. Et même si c'est le contraire qui aurait été surprenant, même si cette observation n'explique rien en montrant seulement les corrélats du trouble (pourrait-il y avoir une conduite, troublée ou non, sans corrélats neuronaux ?), on sait en tout cas au moins qu'ils ont dans leur corps un fonctionnement différent de celui des autres. Enfin, ce n'est évidemment vrai que pour ceux qu'on soumet à ces techniques, parce qu'il y a peut-être dans nombre de cours de récréation, d'universités ou d'entreprises des cerveaux soustraits à tant de sollicitude et qui ne marchent pas comme les autres non plus.

Ces enfants, que font-ils de si insupportable ?

C'est simple, ils dépassent les bornes : quand ils rient, c'est trop, c'est une grimace ; quand ils pleurent, ils hurlent et sans fin ; quand ils parlent, ils déversent un flot que rien n'endigue ; quand ils jouent, ils finissent par casser le jeu ou le copain ; et quand ils sont à table, ils ne mangent pas, au lit ils ne dorment pas, à l'école ils ne travaillent pas, devant la télé ils ne regardent pas... Bref, ils s'agitent. Ce qu'on attend d'eux, ici ou là, ils le font donc ailleurs et trop. Ce manque d'attention, de concentration, cette demande permanente, cette agressivité aussi souvent déclenchent chez ceux qui les élèvent tant bien que mal une amertume dépitée : "Nous essayons de lui donner tout ce que nous pouvons et nous ne recevons rien de lui." [1] Les parents aujourd'hui attendent de leurs enfants, comme les maîtresses de leurs élèves, un peu de réciprocité. Attente qui ne laisse pas de surprendre : elle est nouvelle ; elle tient à ce que les relations en jeu sont définies d'abord par des sentiments, par de l'attachement, par de la tendresse. Or ces enfants ne "rendent pas la pareille" : on est sûr de leur donner le maximum, ils déçoivent. Peut-être là, au fond, l'une des racines du mal ; nous y reviendrons.

Ce qui devient sérieusement préoccupant, c'est que beaucoup d'enfants sont étiquetés "hyperactifs" (5 à 10 %) et que beaucoup d'autres n'en sont pas loin. Certes, les critères de définition du trouble varient, mais, quels qu'ils soient, on s'accorde sur un point : le pourcentage d'enfants trop agités (au goût des adultes) augmente. Pourquoi y en a-t-il tant maintenant, pourquoi l'épidémie de répand-elle comme la peste [2], comme ce syndrome de l'enfant secoué, comme notre conviction de leurs capacités de résilience ? Qu'arrive-t-il à nos enfants ?

L'approche psychologique, individuelle est la première à être requise pour produire une interprétation de ces comportements intempestifs et les faire cesser ; mais une autre peut s'y mêler, qui recourt à un éclairage différent, moins individuel, plus anthropologique. Cette seconde approche n'a pas les mêmes effets sur les individus, bien entendu. Si elle pointe d'autres sources des débordements, elle n'apporte aucun remède, aucun barrage pour endiguer, n'énonce aucune voie thérapeutique ; elle renvoie les conduites des individus aux effets de la société ou de la culture sur leur psychisme, se fonde sur la conviction que l'identité personnelle est profondément liée à l'identité collective et que celle-ci se fabrique incidemment, par mille tours et détours, par les discours et les images dans lesquels baignent les individus.

1 Une mère d'enfant atteint de T.D.A.H., sur ARTE, "Ces enfants qui ont la bougeotte", le 16 septembre 2003.

2 On trouvera de nombreuses statistiques dans l'ouvrage dirigé par J. MENECHAL, *L'hyperactivité infantile. Débats et enjeux*, Paris, Dunod, 2001.

Convaincue que la démarche qui distingue l'individuel et le collectif masque plus qu'elle ne révèle, nous considérerons ces manies insupportables comme une incorporation de schèmes d'action impliqués par l'environnement parental et social. Ces habitus ne déterminent pas les individus de façon mécanique, mais les prédisposent. On peut dire, évidemment, dans un langage moins technique, que c'est du monde autour d'eux que les enfants tiennent leurs mauvaises habitudes ; mais l'usage du langage issu de l'anthropologie de Pierre Bourdieu, celui du concept d'incorporation ou d'habitus, permet d'insister sur le caractère acquis, sur l'origine sociale des "dispositions" qui permettent à chacun dans un champ déterminé (l'école par exemple) de tenir sa place "sans y penser", d'avoir, comme disait Bourdieu, le sens du jeu, le sens pratique. Grâce à ces concepts, on comprend que, lorsque les dispositions primaires ne sont pas acquises en famille, les dispositions secondaires qu'exige ensuite l'école ne peuvent l'être non plus. Le recours à ces concepts invite incidemment à admettre qu'une sociologie comme celle-là a beaucoup à apprendre aux psychologues.

La fabrication des enfants trop agités

Ce sont les parents qui "repèrent" évidemment en premier lieu chez un enfant quelque chose de spécial, un comportement qui ne répond pas à leurs attentes, qui ne leur convient pas du tout. Quelquefois, bébé déjà, il pleure presque tout le temps, ne dort pas, ne mange pas assez, dépérit même ; un médecin est appelé à la rescousse qui, le plus souvent heureusement, va donner aux parents des conseils de bon sens sur l'art et la manière de régler un enfant à des horaires, à des lieux, sur l'obligation de le contraindre, de fixer des limites, en somme, comme on le dit si couramment. Dans la majorité des cas. l'enfant devient plus calme et s'adapte lentement à ce qu'on attend de lui. On en conclut éventuellement qu'il n'est pas atteint d'un T.D.A.H., mais seulement "turbulent", comme le disait Henri Wallon en 1924 [1], en recourant à une qualification "banale" et, de ce fait, banalisante.

Mais tous les parents ne sont pas réceptifs à ce genre de recommandations ou ne peuvent rien changer à leurs attitudes et surtout à leurs attentes ; alors, le cas s'aggrave, requiert l'intervention d'un spécialiste quand l'entourage de la famille est assez informé.

Devant ce qu'on commence à appeler les "bébés pleureurs" (s'il y a un nom, y aurait-il émergence d'une anomalie ?, les bébés ne doivent-ils plus pleurer et cesser plutôt d'importuner leurs parents ?), le spécialiste parlera alors d'enfant "sensible aux stimuli", expression troublante qui signifie sans doute *trop* sensible à l'extérieur au goût de l'entourage ; qui masque, en réalité, que l'enfant est noyé sous des stimulations trop intenses qu'il ne parvient pas à "métaboliser" ou à tenir à

1 H. WALLON, *L'enfant turbulent*, Paris, Alcan, 1924.

distance. On dit alors qu'il est "atteint de troubles de la régulation", comme si c'était d'une maladie qu'il est "atteint", comme si la régulation des conduites (et surtout la protection contre les conduites des autres) venait toute seule et ne devait pas s'apprendre lentement. On prodigue alors des explications un peu plus complètes, des recommandations plus précises comme celle, surprenante tout de même, que l'enfant doit, par exemple, apprendre à s'endormir dans son lit et non à table ou sur le canapé, par terre ou dans le lit des parents. On est en droit de s'interroger sur le type de parentalité que nos sociétés ont développé pour en arriver à devoir énoncer de tels conseils ; force est de constater que certains enfants font de la résistance. Et persistent comme persiste la demande d'aide de parents (et d'enseignants), de plus en plus désemparés devant une instabilité que rien n'apaise et qui les épuise.

Dans les pays comme les États-Unis ou l'Allemagne, où les associations de parents sont fortement implantées, une forme de *lobbying* s'est constituée, unissant parents, enseignants et industries pharmaceutiques et exerçant ses pouvoirs sur les médecins. La demande des parents et des enseignants, d'une part, l'offre pharmaceutique, d'autre part, se sont liées autour d'un médicament, la ritaline[1]; il s'agit d'une amphétamine (qui augmente la concentration de dopamine intra-synaptique), un psychostimulant qui, *paradoxalement,* fait de ces enfants vraiment turbulents des agneaux étonnamment dociles. Résultat miraculeux qui apporte aux parents et aux enseignants le répit tant attendu. Et comme le succès chimiothérapeutique fait office de preuve de la nature organique du trouble, le diagnostic est conforté, généralisé, et cela alors même que l'on sait pertinemment aujourd'hui que deux tiers des enfants qui présentent cette "hyperactivité" reprochée sont en fait atteints d'un désordre psychique plus grave [2] et, en particulier, de cette dépression à laquelle ils "reviennent" sous l'effet de la ritaline. Mais l'adjectif "hyperactif", purement descriptif, opère sa fonction : dissimuler la complexité et la diversité des cas, la profondeur de la douleur psychique en cause aussi.

On ritalinise donc, en première intention, comme ils disent.[3] On a beau savoir que ce médicament intervient sur un cerveau en pleine formation, qu'il ne sera donc pas sans effets ultérieurs plus ou moins bien connus ; on a beau faire l'hypothèse que peut-être la ritaline provoque une addiction ; on a beau savoir, et les parents concernés le disent, que les enfants deviennent méconnaissables, tristes, mutiques, on donne aux enfants qui passent les bornes de la ritaline pour les faire entrer dans le rang. C'est dans cette dialectique complexe entre les parents, les enseignants,

1 L'administration de ritaline a fait l'objet de très nombreuses études qui établissent son efficacité chez environ 70 % des enfants. Mais on nous dit par exemple que la molécule améliore entre autres "l'image de soi" (Marie-Claude Saiag,"Traitement par la ritaline", in J. MENECHAL, *L'Hyperactivité infantile, op. cit.*, p.152), qui y a porté atteinte ?

2 F. BANGE et M.-C. MOUREN-SIMEONI, *Le point de vue du prescripteur,* Le Carnet psy, 2003. n°78, p.18.

3 Ce médicament ne peut être prescrit que par un psychiatre, par l'intermédiaire d'un "carnet à souches" dont ne disposent pas les généralistes.

les fabricants de médicaments, les médecins et les enfants que nous mettons au monde que s'est nouée dans les années quatre-vingt [1] la naissance de cette maladie, le T.D.A.H. Comme lan Hacking l'a montré pour le syndrome de personnalité multiple [2], comme Alain Ehrenberg l'a fait d'une autre manière pour la dépression [3], on pourrait retracer la suite d'événements médicaux et de demandes sociales qui ont tricoté la nouvelle maladie offerte pour désigner l'objet de la plainte des parents.

On peut penser, contre toute tentation essentialiste qui ferait du trouble un objet réel existant dans le corps de l'enfant, que ce comportement insupportable résulte d'une fabrication sociale, comme ce fut le cas par exemple de l'hystérie ou d'autres pathologies psychiques. L'anormalité n'est repérable que dans un monde social "déjà là" quand l'enfant vient au monde, comme d'ailleurs la normalité que des institutions (la famille, l'école, etc.) vont tenter de lui faire incorporer : devenir français ou bambara, ou croate, ce n'est ni plus simple ni plus compliqué que de devenir "hyperactif" ; comme on ne naît pas acculturé à la vision bambara du monde, on ne naît pas "hyperactif" : on le devient. Certains en doutent ; mais malgré les nombreuses études sur l'origine neurophysiologique du trouble, aujourd'hui, pas de réponse tranchée, ce qui pourrait bien attester la construction progressive du trouble. On s'accorde à penser qu'il existe peut-être une vulnérabilité constitutionnelle, génétique éventuellement dans peu de cas, mais quelquefois anté- ou périnatale, vulnérabilité cependant insuffisante à l'apparition du trouble.

S'y ajoutent nécessairement des facteurs environnementaux (sociaux, familiaux) difficiles à isoler.[4] Quand un garçon s'adapte bien, travaille bien, est facile à vivre, la "réussite" n'est pas plus naturelle que lorsqu'un garçon (souvent, vraiment souvent, un garçon) devient un "hyperactif" : rien ici de l'ordre de la nature ou de l'objectif. Reste que certains enfants n'incorporent pas bien ou pas du tout les habitus par lesquels on tente (ou croit tenter) de les acculturer ; reste que de ceux-là les institutions et les familles se plaignent.

Comment ne pas remarquer que, de leur double inversé, l'enfant surdoué (qui devient parallèlement lui aussi plus fréquent peut-être par contraste), personne ne devrait songer à se plaindre ; mais la suspicion de pathologie dans ce cas est remplacée par une sollicitude plus ou moins teintée de culpabilité : "Lui donne-t-on assez de nourritures intellectuelles ?", autrement dit : "N'attend-il pas plus que nous ne pouvons lui donner ?" Celui-là, sage comme une image, gêne aussi à force d'anticiper les

1 J. CORRAZE et J.-M. ALBARET, *L'Enfant agité et distrait*, Paris,ESF, 1996. Bien entendu, il existait avant cette décennie des enfants "hyperkinétiques", repérés par le Dr Claude en 1910 ; mais l'étendue du trouble et du nombre d'enfants "atteints" n'avait rien de comparable.

2 I. HACKING, *L'Âme réécrite. Étude sur la personnalité multiple et les sciences de la mémoire*, Paris, Synthélabo, 1998.

3 A. EHRENBERG, *La Fatigue d'être soi. Dépression et société*, Paris, Odile Jacob, 1998.

4 E. TAYLOR, *Developmental Neuropsychopathology of Attention Deficit and Impulsiveness*, Developmental Psychopathology, 1999, 11. p.607-628.

attentes et surtout de les dépasser. Sur fond de cette réciprocité attendue plus ou moins consciemment, mais ressentie ici comme impossible, il dérange. D'une certaine façon, dans un cas comme dans l'autre, les parents se sentent mis en échec. Et le sont.

Alors qu'au début du siècle, par une vision plus sociologique, on a considéré les enfants agités comme inadaptés ou déviants et susceptibles donc d'être soumis à une pratique sociale de rééducation, ces enfants sont aujourd'hui considérés comme plus ou moins malades, donc à soigner, en tout cas à médicamenter. Mais doit-on, pour comprendre les causes de ces comportements, isoler les enfants du monde qui ne les supporte pas, de ce qui les entoure et dans quoi ils baignent ?

Autrement dit, n'y aurait-il pas des facteurs bien plus généraux, imperceptibles, ceux qui font l'équilibre comme la maladie, ceux de l'esprit objectif, comme disait Hegel, qui imprègne notre monde ? Une constitution "organique" donne-t-elle toujours le même trouble, quel que soit le cadre socia1 et culturel dans lequel grandissent les enfants ? A la base de ce trouble-là, une réponse motrice et hypermotrice, une hyper-réponse à trop de tensions et sollicitations ou à trop d'indifférence profonde ; cette réponse, de quoi défend-elle l'enfant ? À quoi l'adapte-t-elle ? Et puis, après, comment y répond-on, quels sont les effets sur l'entourage de ce qui pourrait bien être le seul moyen de défense dont dispose immédiatement l'enfant ? "Ce serait dans la recherche répétitive de l'excitation et de l'exercice d'une motricité inextinguible que serait menée la lutte du sujet contre l'effondrement dépressif et narcissique, la motricité étant vécue par ce même sujet sur un mode équivalant à la substance d'addiction par le toxicomane.[1] Cette recherche inextinguible de l'excitation, la condamnation à ne pouvoir lui trouver qu'un activisme de chaque instant, c'est ce qui signale notre façon contemporaine de vivre notre lien aux autres et notre présence au monde.

Le désordre des corps et le tout fraternel

Un autre regard, un autre questionnement pourraient détourner du corps de l'enfant un moment l'attention pour s'attarder donc aux sources extérieures de cette incapacité à "tenir en place". Aux sources les plus proches d'abord, au premier "cadre" dans lequel il vient : la relation ternaire entre ses parents et lui.

Quand le bébé sort du ventre qui a fabriqué son corps, d'abord, il ne sait rien de ce qu'il est. Même sa mère, qui se préparait à ce qu'il soit un être à part d'elle, à leur séparation irréversible que les autres autour l'aidaient à affronter, reste un temps encore dans la fusion, elle ne veut pas tout de suite quitter ce morceau-là d'elle-même qu'elle va devoir désormais regarder, voir, sentir, du dehors d'elle. En réalité, au début, pas de frontière bien nette entre l'enfant et la mère et le fonctionnement

1 B. TOUATI, *Hyperactiyité : la fin de l'histoire... du sujet*, Le Carnet psy, 2003, n°78, p.23.

symbolique des humains a tôt fait de fabriquer pour un temps – qui peut rester indéfini – un cordon ombilical de substitution. Partout, dans tous les lieux de naissance des humains, cette fusion, ces gestes ritualisés qui entourent la naissance, la poche qui unissait l'enfant et la mère, le cordon, le sang. L'enfant, là, dans ces gestes et grâce à eux, a passé sa première frontière : mais il en ignore tout.

Pourtant, autour de ce passage, des mots, des gestes, des lieux qui organisent instituent sa place : une place dans le lieu de vie des parents, et pas n'importe laquelle, une place dans la fratrie, une place générationnelle, et puis un état civil aussitôt déclaré : une place dans la société où il vient. Un quadrillage, un système de coordonnées qui trace la géographie des corps et leurs rapports, qui les met en ordre. Tout, presque alors autour de l'enfant est non réciproque et imposé : entre ses parents et lui, un lien hiérarchique, une responsabilité dont ils ont dû vouloir s'investir pour se "parentaliser", un rôle pour chacun, théoriquement : il faut aux parents renoncer à la réciprocité dans ce lien-là. Il y a des aînés aussi peut-être, il y aura éventuellement des cadets. Il y a les aïeuls ; toutes ces ramifications dans l'arbre et sa place, à prendre. Et tout ça, dans l'échancrure de ce qui de sa mère et lui ne faisait qu'un. Comment ne pas comprendre que pour qu'il sache sa place "à son insu" mais solidement, il faut la lui définir clairement.

D'abord, lui donner à connaître que sa mère n'est pas un morceau de lui-même, et c'est en principe au père de faire cette "révélation" puisque celle-là même que l'enfant voit s'éloigner et veut voir revenir est la femme d'un autre, l'objet d'un autre désir auquel répond le sien. La séparation alors est primordiale et initiatique, elle augure de toutes les autres et son apprentissage, douloureux entre tous, prévient des dysfonctionnements psychiques ultérieurs. Elle apprend à supporter la frustration, à attendre, à "s'ennuyer" aussi, et à être seul. Et l'enfant grandit en apprenant cela, mais sans le savoir.

Pour qu'il tienne en place ensuite, il faut qu'en plus d'autres limites, seuils, frontières un ordre lui soit imposé. Il faut le contraindre à incorporer des façons "canoniques" de faire : dans les lieux qui conviennent : être propre et ne pas faire dans sa culotte, mais dans le pot, dormir dans son lit et pas dans celui des parents, manger à table et pas sur le divan, jouer au foot dans la cour et pas dans le couloir, ranger ses jouets dans le coffre. Mille impositions qui ordonnent les lieux et aussi le temps sans avoir à se justifier simplement parce que c'est comme ça ; ces impositions-là, le père (ou son substitut) n'en est pas le maître, elles lui sont aussi imposées.

Comme au fond chacun devrait le savoir, même intuitivement, l'enfant a besoin d'un cadre structuré pour structurer sa personne, la délimiter et donc la contrôler ; et ce cadre, déjà là avant la venue de chacun d'entre nous, théoriquement hors de portée de nos volontés, n'a pas de justification hors de lui-même. Pour s'y inscrire, il faut à chacun en passer par une "contrainte par corps". D'où l'intérêt, au moins, de soulever cette question avant de médicamenter certains enfants : ces enfants qui ne tiennent pas en place, en ont-ils seulement reçu une, et nettement définie ?

Comment pensent-ils, par exemple, leur famille qui se compose et se recompose au gré des affects des parents ? Ces variations géographiques des corps ne paraissent guère propres à leur garantir une place stable, habitable. Beaucoup d'enfants redoutent puis subissent des atteintes à leur univers lentement construit dans la domesticité : une semaine chez papa, une chez maman, où c'est chez *moi ?* Cette première place qu'il faut qu'on leur donne, venue du lit, est aujourd'hui sinon niée, au moins menacée, ne serait-ce que par les récits ou reportages mille fois entendus sur les séparations, les divorces, les déchirements et problèmes familiaux. Toutes ces questions qui concernent le lieu symbolique (et concret aussi) où se tient un enfant dans sa famille ne reçoivent plus de réponse claire. Ce serait sans doute très moralisateur d'imputer totalement à ces difficultés familiales l'instabilité des enfants ; mais nul ne peut affirmer sérieusement qu'un enfant n'a pas besoin de permanence pour grandir, qu'il a seulement besoin d'adultes aimants et s'aimant autour de lui.

D'abord parce que l'amour ne garantit rien et surtout pas sa propre pérennité ; au contraire, il est comme défini par l'incertitude fondamentale qui le nourrit en le menaçant. L'amour entre adultes, c'est comme une flamme qui éclaire certes, mais consume, et qui vacille aussi toujours. Il ne peut dès lors être le garant du cadre, du décor assuré dans lequel un enfant peut se développer sans craindre que le sol se dérobe sous ses pieds. L'amour, au lieu de structurer, brouille les cartes. De plus, nous avons appris récemment que la franchise, la sincérité des sentiments entre adultes serait le seul fondement de la constitution d'une famille et, corrélativement, de sa déconstruction. La vérité entre conjoints, la vérité des affects et des désirs est devenue une valeur supérieure au respect des engagements, et y compris à l'égard des enfants. On n'a sûrement pas à regretter cette aspiration à plus de sincérité ; mais on s'interroge trop peu ou alors pas assez sur les conséquences de cette versatilité franche des sentiments sur les enfants. C'est que justement, devant cette incertitude presque essentielle du sentiment amoureux, les adultes comptent sur l'enfant pour les pourvoir en amour éternel, et quelquefois le font naître pour ça, plus ou moins consciemment : "Lui, au moins, il m'aimera toujours ; hein que tu aimes ta maman ?" Or, si les enfants tombent amoureux, c'est rarement de leur maman (ou de leur papa), qu'ils aiment sans y penser, à laquelle ils sont attachés parce que c'est comme ça et qu'ils n'y peuvent rien. La demande d'amour à laquelle beaucoup d'enfants sont confrontés (et la quémande de déclarations) peut écraser d'angoisse. Elle est certes rarement accompagnée d'une sourde séduction, qui pour le coup le terrifie, il n'empêche que l'enfant n'est pas une fontaine (ni un médicament d'ailleurs), et lui demander d'étancher la soif de tendresse de parents qui n'en supportent pas la frustration, c'est lui demander trop.

En 1996, dans un court article, Bourdieu évoquait (à propos des familles recomposées) le nouveau rôle qu'on fait jouer aux *sentiments* dans la certification d'un "foyer" et dans sa cohésion ; il soulignait que ce rôle exige une "création continuée des sentiments familiaux, soutenue par tout l'ordre social"[1] ; il soulignait combien, dans les familles recomposées, les enfants doivent "entretenir les sentiments". Et de souligner qu'au lieu que les structures objectives garanties par le droit et par tout l'ordre social (c'est-à-dire les liens de filiation) fondent les sentiments, "c'est sur les sentiments, dans leur instabilité et leurs intermittences, que repose une unité sans cesse mise en question dans ses frontières, ses hiérarchies, ses intérêts communs". Ce constat, venant d'un auteur peu suspecté de conservatisme bourgeois, concernait la difficulté des enfants qui vivent dans ces nouvelles formes de famille. Mais il nous concerne tous, en fait. En la légitimant et en la banalisant, on permet implicitement aux parents le libre exercice de leur versatilité affective qui impose sans aucun doute aux enfants une permanente "gymnastique psychique" qui n'est peut-être pas sans relation avec l'agitation de leurs corps.

Comment ne pas voir que l'amour qui alimente alors et cimente (avec un succès très relatif) ces familles s'est en conséquence infantilisé, a pris une tournure moins sexuelle, plus câline.

Des bisous pour tout le monde, des petits noms gentils, tous frères et sœurs, tous pareils, magma indifférencié de corps qui s'entrechoquent sans que rien ne règle des rapports devenus asexués. On lit que 30 % de couples ne font plus l'amour une fois qu'ils ont des enfants... Or nous voyons tous, sur les murs et les écrans qui nous hypnotisent, que cette désaffection pour les rapports entre sexes différents s'accompagne d'une érotisation toujours plus brute. Partout, sur le corps des femmes dans la rue aussi, on montre ; mais on prohibe en même temps qu'on donne à voir, et l'on tape sur les mains qui s'approchent. Voir, voir jusqu'à l'écœurement, mais sans toucher ; exciter le désir et condamner sa satisfaction. Cette érotisation, là, dehors, rentre dans les maisons sans qu'aucune volonté n'y puisse rien ; cette exhibition devient coutumière, une disposition des corps, comme disait Bourdieu, une licence silencieuse ; mais efficace, créée par des attentes collectives. Et les enfants incorporent, par une exposition prolongée, cette demande et l'interdiction de la satisfaire.

Qu'entendent les enfants quand leur père dit (c'est le plus souvent le père) : "Je suis amoureux de mes enfants" ? Cette vérité "crue" des affects peut-elle tenir lieu d'affirmation d'une responsabilité rassurante ? Comment ne pas en douter quand elle s'accompagne de la fuite systématique des conflits, de l'évitement des renoncements qui permettraient de les surmonter, de cette apparente incapacité de "prendre sur soi" ? Alors que nous vivions jusqu'il y a peu dans un régime politique et privé fondé sur la formation de compromis à partir d'une conflictualité essentielle, nous sommes récemment passés au camouflage de celle-ci, à son "abrasion"[2], à sa désymbolisation et à sa traduction en "agir". La franchise des sentiments apparaît alors en fait comme justification d'une incapacité à rester en place, à sa place. Dès que l'amour semble moins simple, à la moindre ambivalence pourtant fondatrice des sen-

1 P. BOURDIEU, *Des familles sans nom*, Actes de la recherche en sciences sociales, 1996, n° 113.

2 A. EHRENBERG, *La Fatigue d'être soi*, *op. cit.*, p.145-147.

timents, on change de place, on se dérobe, plus personne, je deviens monoparental (avec un enfant "monoparenté" le plus souvent). Ou je recompose ailleurs.

Certains enfants traduisent cette instabilité des adultes et leurs demandes excessives en "hyperactivité", en désordre. La difficulté, l'angoisse d'être au monde, qui les étreint comme tous les humains dès qu'ils sont séparés, puis qui dans certaines familles n'est jamais ou mal réconfortée, semble dans ces cas-là canalisée vers une pente peu symbolique, crue, corporelle. C'est ce qui autorise à penser que l'agitation du monde se réalise sans élaboration symbolique, en agitation généralisée. Le manque de limites symboliques, auquel chaque enfant, pourtant, doit avoir droit pour naître à son humanité, les déficiences de l'assignation des places par des adultes "débordés" se traduisent alors par une absence de limites corporelles, physiques : l'enfant ne se tient plus, sa présence est comme déracinée, infondée. Il déborde physiquement et corporellement. Il noie le monde qui l'entoure de mots et de gestes parce qu'il espère l'attention des adultes ; pour que le monde pense à lui, pour qu'on ne le néglige pas, surtout, surtout pour qu'on ne l'abandonne pas en chemin, il combat cette angoisse en s'imposant. On décrit ce genre d'enfant comme "atteint d'un déficit de l'attention", mais c'est celle des adultes autour de lui qui est déficiente ou inadaptée, et c'est cela qui l'angoisse. Cette angoisse "originelle", lorsqu'elle n'est pas contenue, lorsqu'elle déborde l'individu, enfant ou non, notre société lui a trouvé un nom : la dépression, qui déguise en vide interne le trop-plein conflictuel. On connaît l'expression et les conséquences de la dépression des bébés (2 % en moyenne des bébés français sont dépressifs) depuis les études de René A. Spitz en 1940 [1] sur les enfants hospitalisés très tôt (et donc objets de trop peu de soins et d'attention individualisés) : le bébé devient "pleureur", accrocheur, insomniaque ; la personnalité de l'enfant est inorganisée, sa conduite est incontrôlée, il ne parvient pas à se concentrer et finit par des conduites antisociales, des passages à l'acte. Tableau qui correspond à s'y méprendre aux nouvelles "psychopathologies" infantiles et laisse à penser que des enfants manquent de parents alors qu'ils en ont. Les enfants qualifiés d'hyperactifs, sous ritaline, "reviennent" effectivement, comme nous l'avons dit, a un état dépressif : c'est qu'ils souffrent d'une forme négligée d'hospitalisme. Ce n'est pas qu'ils manquent de stimulations, loin de là ; mais soit celles qui agitent le milieu familial, qui ne leur sont pas spécifiquement destinées, ne leur laissent aucun répit ; soit celles qu'on leur adresse ne sont pas appropriées et les laissent insatisfaits, anxieux, incertains, impuissants.

La plupart des spécialistes s'accordent sur un point : les enfants trop agités ne reçoivent pas l'encadrement parental qui permettrait de les "limiter". Qu'est-ce que les parents ne parviennent plus à faire ? Il semble qu'il y ait des enfants "trop" actifs un peu partout, mais que les Occidentaux aient une manière spécifique de répondre à leurs excès, en fait surtout de les produire. Certains considèrent que nous

1 R. A. SPITZ, "Hospitalism : An Inquiry into the Genesis of Psychiatric Conditions in Early Childhood", in O. Ferreches et al (éd.), *The Psychoanalysis of the Child. I*, New York, International University Press, 1945, p.53-74.

laissons s'installer un peu n'importe quels comportements chez nos enfants lorsqu'ils sont très jeunes, corrigeant trop peu les "facéties" de cet âge et qu'il est alors plus difficile, lorsqu'ils grandissent, de les ramener dans "la norme" comportementale. D'autres sociétés les corrigeraient plus tôt et préviendraient ainsi le T.D.A.H.[1] Sagvolden [2], dans une étude récente, s'est intéressé à une forme particulière du trouble, un désordre caractérisé par une incapacité à apprendre (qui se retrouverait majoritairement chez les garçons) ; il considère que ces enfants ont les circuits neuronaux dopaminergiques effectivement perturbés (entre autres dysfonctionnements mal connus), et qu'ils auraient pour cela besoin de "styles" parentaux et sociétaux (à l'école, par exemple) particuliers : leur déficit en dopamine les rendrait plus sensibles que les autres à la rapidité avec laquelle l'environnement renforce leurs comportements, y réagit ; ainsi, l'apparition de comportements "inadaptés" précoces devrait attirer *immédiatement* l'attention des parents et recevoir de leur part une réponse qui exprime *clairement* leur refus de tels comportements.

Si cette conception des troubles, qui mêle l'affirmation d'un problème neurologique et une approche behavioriste de la vie relationnelle, peut paraître laisser peu de place à la souffrance psychique, elle a le mérite de repérer les moments où se nouent des désordres comportementaux qu'il sera difficile ensuite d'inhiber et d'expliquer pourquoi certains "styles" familiaux laissent apparaître des désordres là où d'autres les contiennent. Mais on pourrait considérer que l'explication en termes neurologiques n'est en fait qu'une spécification des troubles par leurs corrélats. Les facteurs responsables des dysfonctionnements comportementaux *et* neurologiques pourraient être acquis et relever directement des "styles parentaux", des exigences excessives, des déficiences de la parentalisation et de l'éducation.

L'école hyperactive

Si rien n'est clairement limité, si aucun ordre ne structure le monde où l'enfant vient et fait ses premiers pas, si quelque mauvais coup ou quelque aveuglement le menace à son insu, on comprend qu'il va avoir des difficultés à adopter hors du monde familial, à l'école en particulier, un mode de rapport aux adultes et aux autres qu'il n'a pas pu fixer à la maison : là encore, la géographie des corps vivants autour de lui le confronte à des impositions qu'il a du mal à interpréter. Lui qui s'endort sur le divan ou dans le lit des parents, pourquoi d'un coup accepterait-il de le faire dans le petit lit qui lui est réservé ? Lui qui voit ses parents manger debout ou devant la télé et chacun à son rythme et selon ses choix, pourquoi tiendrait-il à la table de

1 A MEYER, D.-E. EILERTSEN, J.-M. SUNDET, J.-G. TSHIFULARO, et T. SAGVOLDEN, *Screening of South African Primary School. Children Shows Cross-cultural Similarities in A.D.H.D. Symptoms*, South African Journal of Psychology.

2 T. SAGVOLDEN, E. B. JOHANSEN, H. AASE et V. A. RUSSELL, *A Dynamic Developmental Theory of Attention/Hyperactivity Disorder (A.D.H.D.) Predominantly Hyperactive/Impulsive Combined Subtypes*, Behavioral and Brain Sciences, 2004.

la cantine ? Lui qui voit autour de lui une ronde incessante d'adultes impulsifs et agités à la maison, avec la télé allumée sans qu'on la regarde, et la radio sans qu'on l'écoute, lui qui ne voit personne se poser, s'ennuyer, prendre son temps, rêvasser, se taire, se taire même un petit peu, rester en quelque sorte seul avec soi-même, comment serait-il prêt à cette posture si particulière du corps et de la tête qu'il faut pour apprendre ? L'école est le lieu où se repère ensuite cette incapacité qu'ils ont, ces enfants-là, à rester à leur place.

Le terrain scolaire est devenu celui d'un affrontement, car la nécessité de transmettre et de recevoir implique une certaine tenue des corps. Une guerre se joue là entre des enfants qui, de plus en plus nombreux, importent dans l'école leur instabilité, l'insoumission fondamentale de leurs corps, et les acteurs d'une institution qui veut perdurer et, pour cela, exige même sans le dire que les corps s'apaisent et que la raison s'éveille et se concentre.

C'est que les institutions, l'école comme les autres, ne marchent pas à cette énergie-là. Les institutions sont des systèmes, des montages, nécessairement hiérarchisés, qui agencent des places que viennent occuper des individus, interchangeables : dans une famille, les descendants sont en place d'"enfants de", jusqu'à ce qu'à leur tour (s'ils le choisissent) ils soient des ascendants et deviennent "parents de". De même, à l'école, il convient que ceux qui ont été élèves quand ils étaient ignorants puissent (s'ils le souhaitent) devenir maîtres (en quelque chose) une fois devenus savants. Ces deux systèmes, par lesquels nous apprenons à nos enfants à être adultes, sont à bien des égards non comparables : en particulier, ils n'impliquent pas de la même façon les individus sur le plan psychique. Pour devenir parent après avoir été enfanté, il faudra une longue conversion psychique, la parentalisation, traduite par un changement d'état civil ; c'est dire qu'il ne suffit pas de faire un enfant pour être un parent, qu'il faut que des renoncements se fassent, que des prises en charge se construisent. Devenir enseignant, c'est évidemment plus l'adhésion à une fonction sociale, même s'il est recommandé – et inévitable – qu'elle s'accompagne de remaniements psychologiques. Quoi qu'il en soit, l'école repose au minimum sur un système de places où viennent des individus qui rêvent peut-être d'en subvertir l'ordre, mais qui doivent d'abord le reconnaître et sur lequel leurs sentiments et affects (qu'elle ne manque pas de déclencher) ne doivent pas avoir prise.

On entend aujourd'hui un peu partout que la contrainte devrait être à nouveau à l'école imposée aux corps et aux esprits. Pourquoi l'a-t-on oubliée ? Il semble que le tout affectif, qui a gagné lentement la famille et l'a baignée dans une tendresse désexualisée et infantile, se soit introduit à l'école et ait en quelque sorte produit un détournement d'institution : au lieu d'y maintenir une indifférence propice à la diffusion d'un savoir impersonnel et universel, on a laissé des effusions brouiller la transmission, obliger les maîtres à manifester et à recevoir des sentiments, des préoccupations affectives, aimer, détester, rejeter. L'entrée subreptice des affects dans une institution la vide de sa substance en dévoilant la fiction qui lui permet d'ordonner aveuglément les corps, et dénature son fonctionnement démocratique. C'est que la démocratie n'est pas la fusion de tous, elle n'est pas un régime amoureux. Une institution extrait les hommes de leur nature, de leurs penchants, elle est le contraire de l'état de nature. Autrement dit, la vie institutionnelle n'est pas dans notre nature ; elle doit nous être imposée. Par la contrainte. Prenons un exemple : la ponctuation dans les textes écrits ne nous vient pas d'un coup, elle n'est pas dans la nature ; elle s'apprend, et ce n'est pas facile. Sa fonction est de structurer un ensemble d'objets physiques – les mots – qui, sans elle, serait informe (pas insensé, informe). La ponctuation relève de la géographie de la langue. Elle est en passe d'être oubliée. S'en dispenser, c'est négliger la fonction des limites entre les corps. L'acquérir, c'est se contraindre à en respecter les lois pour communiquer à d'autres. Certains ont désigné ces règles de catégorisation à la vindicte en les rapportant à un "impérialisme du cognitif..." [1] Avec la dénonciation de cet impérialisme-là, nous sommes au cœur du problème : la raison (ici pauvrement réduite au cognitif "impérialiste") doit céder la place à l'amour universel pour faire obstacle à la contrainte du fonctionnement institutionnel.

L'école ne peut plus tenir sa fonction d'institutionnalisation de la transmission, car ce qu'elle exigeait des corps, les contraintes qu'elle leur imposait, elle n'ose plus le leur demander de peur de se "ringardiser" aux yeux de l'opinion, qui seule compte ; de peur de tomber sous le coup d'une accusation infâme d'autoritarisme, de machisme, de conservatisme, comme ces pères qui se croyant porteurs et transporteurs de la loi symbolique ont exercé un moment une autorité. Dans les classes, comme dans la famille, on croit la bataille perdue, la bataille qui des corps d'enfants, des corps naturels qui sortent des ventres menait à faire des citoyens, contraints, contenus, refoulés, certes, et culpabilisés, oui, mais qui se retenaient de passer à l'acte, de passer outre. La vie intérieure n'en était pas facilitée, mais la vie sociale était encore possible. Au nom de la fraternité universelle, au nom de cette compassion apitoyée sur nous-mêmes dont nous inondons le monde, nous avons infantilisé l'école à force de lui imposer d'aimer les enfants, à force de mettre l'enfant plutôt que le savoir en son centre. Là où il fallait faire plier les enfants, leur faire prendre ce pli de civilité qui permet l'accès à l'autre et donc à ce qu'on ne sait pas, c'est l'école qui doit plier et devenir une famille, une nichée.

La vie en classe est devenue impossible, et chacun le sait. Sous couvert du refus de l'autoritarisme qui n'a certes jamais été seul un bon maître, on s'est abstenu de mettre de l'ordre dans l'agencement des corps et dans leur présence ; on a laissé les maîtres aux prises redoutables avec des affects, on a disqualifié le fondement de leur métier, la contrainte des corps où faire entrer le savoir, l'incorporation des connaissances, la confrontation avec l'ignorance et l'appétit d'apprendre. L'école est devenue hyperactive, sans temps mort, sans ce silence qui apaise la tête.

1 L. LEGRAND, *L'École unique : à quelles conditions ?*, Paris, Le Scarabée, p.105.

Les adultes que nous sommes redoutent tellement l'ennui, ce vide sans machine à zapper, que nous le prévenons à l'école, à la maison, en vacances ; pour que ces enfants que nous mettons dans le monde soient toujours occupés et nous laissent à nos occupations. Mais ils résistent.

Les symptômes d'une impasse psychique

Le siècle passé a rempli nos corps d'un psychisme : là, à l'intérieur de la peau, dans un lieu réputé inaccessible, la synthèse freudienne a enfanté un double, né sous le signe du conflit entre d'hypothétiques pulsions et d'inexorables exigences sociales. Attentifs à ce magma toujours en mouvement, dépassés et déchirés, les Occidentaux ont repoussé, refoulé si l'on veut, cette violence souterraine en eux et ses défis. A dire aussi que le siècle fut celui des horreurs de la violence faite aux corps, nous avons organisé le recul de la corporéité et aspiré à la froideur d'un rapport pacifié et quasi inanimé avec les autres, avec leurs corps ; bien sûr, corrélativement, avec nous-mêmes. Les corps de plus en plus se dévoilent, mais renâclent aux rapports.

Dans ce contexte, tout se passe comme si ces enfants au corps agité ne jouaient pas le jeu : leur corps, ils nous l'imposent, en exacerbent les élans. Comme ces figures de Jérôme Bosch qui, dans un siècle marqué par la sorcellerie, les angoisses et les désirs, disaient en négatif la piété pleine de modération du peintre, les voilà qui expriment l'envers de ce que nous tentons de nous imposer : une hygiène contrôlée de la chair. Les biotechnologies de la production d'enfants procèdent de cette guerre froide contre les corps et de l'agencement de la distance qui leur permet de s'éviter. C'est donc avec leur corps que des enfants confrontés à des difficultés qu'ils ne parviennent pas à surmonter expriment leur réaction contre cette froideur qui nous saisit. Les conflits ; que nous évitons, auxquels nous échappons par la fuite dès qu'ils nous débordent, que nous abrasons par nos incessants bavardages et dans une perpétuelle mobilité (affective comme symbolique, politique, concrète), leur manquent pour se construire : pour trouver sa place, il est peut-être indispensable encore – même si ce n'est plus le cas demain – d'avoir à surmonter des conflits ; et ceux-ci exigent un minimum de permanence, de la stabilité sur le fond de laquelle ils surgissent. L'injonction sourde d'échapper aux conflits et aux corps, ces enfants agités ne parviennent pas à s'y soumettre : à leur corps défendant, ils incarnent l'impasse psychique que crée une société aveugle aux conflits.[1]

Reste une question : pourquoi les garçons ? Leur corps aurait-il plus d'exigences à faire entendre que celui des filles ? Ou bien la féminisation du monde des enfants leur est-elle plus difficile à vivre ? C'est une féminisation du monde qui a imposé

1 Sur cette froideur des corps, qui nourrit et se nourrit de nos nostalgies permanentes de la fusion, il existe beaucoup de travaux, Nous les avons évoqués dans F. PAROT et E. TEITELBAUM, *Des enfants sans toi et moi*, Paris, Flammarion, *2002*.

en partie ce refus de la violence et du corps à corps ; elle a contribué à traduire la pacification de l'espace familial en un refus de l'autorité et l'a fondée sur une diffusion du tout affectif. Devant les violences des hommes, leurs guerres, leurs coups de ceinture, devant la violence quelquefois de la sexualité, les femmes ont figuré l'envers qu'en seraient la douceur et la tendresse universelles et désexualisées.

Ce lent processus, qui n'a pas été, bien entendu, sans avantages pour tous, a contribué à faire des enfants le terrain d'expression du féminin et fabriqué des pères qui sont des papas-poules, et cela sur la base peu interrogée que les femmes auraient en ce domaine un savoir-faire, une connaissance native de la matérialité des corps et de leurs besoins de câlins. Mais les bains de féminité sont aussi de ceux dont on sort difficilement ; les jupes et les caresses peuvent être des prisons de mélasse dont on ne se défait qu'en se débattant. Et les fils en souffrent d'autant plus que les modèles paternels, masculins, même s'ils reposent sur une fiction (celle de l'envers de la douceur, celle aussi du pouvoir symbolique qui n'est pas tout le pouvoir), manquent ou sont disqualifiés. Des modèles qui leur permettraient de s'approprier leur place dans le monde par les détours infinis et plus ou moins mystérieux de l'identification.

Devenir un homme, construire le genre masculin sur la base de son sexe, ce serait devenu plus difficile, comme un combat contre un ennemi invisible. Comme si, pour parcourir les chemins pleins d'embûches et de rebuffades de la séduction, ceux qui mènent à la relation à l'autre sexe, les garçons se sentaient coupables de l'être, obligés d'imposer – et non de poser – leur différence ; peut-être parce que cette différence, inscrite d'abord dans leur corps, leur semble dépréciée, honteuse et, de façon diffuse, les inhibe. Le monde autour, le monde familial comme scolaire, semble s'être désexualisé. Il gomme insidieusement la différence ; mais l'érotisation des corps s'est accentuée et celle des images. L'excitation qu'elle produit, immanquablement, qui s'inscrit sur le corps des garçons et sourdement les culpabilise, il faut bien qu'elle trouve une issue. La violence alors peut devenir leur seul moyen d'approcher les jeunes filles. Ils n'ont pas appris comment "faire l'homme" (pas le fils, l'homme) ; dans *le* meilleur des cas, les femmes leur apparaissent comme des mères, intouchables et sanctifiées par la maternité, comme si elles étaient elles-mêmes asexuées. Et quand ils ne regardent pas les femmes comme pures de tout exercice de la sexualité, devenu salissant à force d'être sali, ils les traitent comme des objets déshumanisés qu'on consomme chacun son tour, et qu'on jette.

Élevés dans un bain de femmes d'où le sexe semble banni, mamans ou pères maternisés, maîtresses, doctoresses, éducatrices, psychologues ou juges pour enfants femmes, ils ne trouvent plus les modèles clairement différents, ceux d'une autre façon d'être, qui plairait aux femmes.

Contre la déprime à l'Ecole

Philippe MEIRIEU, pédagogue.

Il peut paraître étrange, voire provocateur, d'évoquer aujourd'hui "la dépression à l'école". Beaucoup de maîtres, en effet, se plaignent, plutôt, d'une excessive excitation des élèves. Ils ont des difficultés à les faire tenir en place, à obtenir d'eux ce qu'ils nomment du "calme". Et ils s'épuisent à demander du silence, à solliciter de l'attention, à contenir les débordements. "S'ils pouvaient être un peu plus dépressifs, me disait récemment un professeur, nous parviendrions peut-être à obtenir quelque chose d'eux !"

C'est que les élèves donnent bien le change. Effectivement, ils sont agités... Mais ils sont aussi dépressifs et c'est justement pour cela qu'ils ne parviennent pas à s'investir dans le travail qui leur est proposé. C'est pour cela que les savoirs scolaires glissent sur eux sans jamais paraître les atteindre. C'est pour cela qu'ils nous renvoient à longueur de journée aux adultes une indifférence plus ou moins affectée. C'est pour cela qu'ils répondent à nos sollicitations par l'affirmation, mille fois répétée sous mille formes, que "la vraie vie est ailleurs".

En réalité, nos élèves vivent une profonde déprime. Au sens propre du terme : on déprime quand rien ne prime.

Tel est le lot, en effet, des enfants de ce siècle : ils grandissent au milieu d'une multitude de sollicitations de toutes sortes que rien ne permet de hiérarchiser... publicités et informations, messages personnels et signaux institutionnels en tous genres. Entre textos et slogans, titres de journaux et banderoles publicitaires, images de violence et violence des images, interdits de leurs parents et incitation des publicitaires à satisfaire tous leurs caprices, ordres et contre-ordres criés par des adultes de plus en plus excités, ils ont toutes les peines du monde à se donner des priorités, à identifier ce qui est vraiment important. Tout arrive en permanence à leur cerveau et de manière désordonnée. Ils sont pris dans un tourbillon auquel ils ne peuvent jamais faire face sereinement. Et ils finissent par accompagner le mouvement. Grisés par cette accélération vertigineuse du monde, ils se laissent emporter et en rajoutent même. L'excitation engendre de l'excitation. Surtout quand, pour tenter de la calmer, on se lance dans de vigoureuses mises en garde ou qu'on répond au bruit par le cri, aux gestes par la gesticulation, à la violence des mots par celle des actes et à celle des actes par celle des mots. La surenchère survient alors : une fuite en avant vers la destruction du monde ou la destruction de soi. Vers la brutalité ou l'abattement, les coups ou la dépression...

Ainsi nos élèves ont-ils toutes les peines du monde à se fixer. À fixer leur attention. À fixer leur regard. À se fixer dans un endroit et sur un travail. À se fixer des objectifs. À se fixer des limites. Ils ne parviennent pas à se fixer un horizon qui leur permettrait d'avancer... Ils se dispersent, dans tous les sens du terme, et ne réussissent que très rarement à trouver une unité.

C'est pourquoi, pour lutter contre la déprime, les éducateurs de la postmodernité doivent mettre en place une pédagogie du *projet*. Quoique le terme soit usé – parce qu'utilisé à tort et à travers – il renvoie, en effet, à ce qui est constitutif d'un sujet qui se construit et se développe. Par le projet, l'enfant sort du caprice pour mettre en œuvre sa volonté. Par le projet, il vectorise sa vie. Par le projet, il abandonne le tout-présent pour anticiper un futur. Par le projet, il ressaisit ses actes et trouve de la cohérence quand il ne vivait que dans un télescopage d'impulsions chaotiques.

Mais on n'impose pas un projet à un sujet. Ce serait absurde. Par définition, un projet suppose un engagement d'un sujet... Pourtant, symétriquement, on ne peut s'engager seul dans un projet, quand rien ne vous est proposé, quand aucun futur n'est esquissé, quand on n'entrevoit même pas les satisfactions qui pourraient venir. L'adulte ne peut jamais contraindre un enfant à épouser un projet, mais il peut toujours l'inscrire dans des situations propices à cette dynamique... Inutile de le brutaliser : *"Mais tu sortiras, bon sang, de ta léthargie ou de ton excitation pour t'intéresser vraiment à quelque chose !"*. Impossible aussi de l'abandonner sans perspectives : *"Après tout, c'est ta vie ! Si tu veux la gâcher, c'est ton problème !"*... Nous pouvons, en revanche, organiser un environnement stimulant, favoriser les rencontres fécondes, faire des propositions, ménager des ouvertures, proposer des ressources, aider à s'organiser... tout ce qui caractérise précisément une "pédagogie du projet".

Ainsi l'élève pourra-t-il s'investir dans quelque chose qui va primer pour lui. Il deviendra lui-même exigeant sur ses propres projets et, si nous savons l'accompagner, il pourra même produire un vrai "chef-d'œuvre". Il pourra, au bout du compte et selon la maxime que Pestalozzi formulait pour toute éducation, "se faire œuvre de lui-même."

"Enseigner" la liberté : la responsabilité des adultes

Martin GRAY, écrivain.

"Au début, la famille était serrée dans la maison comme les grains d'une même grappe.
Celui que le mal frappait, que la vieillesse séchait, restait accroché aux tiges,
entre les autres grains, et le nouveau grandissait là, entre les siens,
prenant la place de l'ancien.
La famille est le premier cercle de l'amour, le premier horizon de la vie."

(Martin Gray)

Marie Detaille : *Martin Gray, la vie ne vous a pas épargné. Mon adolescence se souvient de votre malheur et de "Au nom de tous les miens" lu par ma mère à l'époque. Le sortir de pareilles épreuves – si l'on en sort jamais vraiment – requiert de solides fondations. Vous posez un regard sur la vie, la famille, la société qui mérite que l'on s'y attarde, histoire d'y puiser ce qui peut nous faire grandir.*

Martin Gray : Sans les paroles de mon père, sans sa main sur mon épaule, je ne serais rien de ce que je suis. Etre père, c'est prendre garde à chaque mot que nous prononçons, car chacun a toute son influence. Plus jamais on ne sera innocent. Le père représente, au-delà de la mère, l'Autre, la société, l'action. On ne peut se dérober à ses responsabilités, non plus perdre son apparence : tu es le père. Il ne faut pas tenter de te substituer à la mère qui est la sève, ni se fondre avec l'enfant, car un père est extérieur à lui comme un tuteur soutient la jeune pousse, la guide, la dirige. Le père est exemple, il porte un devoir.

Marie Detaille : *Le mot "devoir" en recèle d'autres : "obligation", "exigence", "responsabilité". Ce mot est loin d'être anodin pour celui qui veut tenter de l'appliquer dans son quotidien. N'a-t-il pas un peu perdu de corps de nos jours ?*

Martin Gray : Oui, ce mot "devoir", notre époque le rejette en effet. Le devoir des uns envers les autres, qui le reconnaît ? Le devoir apparaît comme une contrainte sans raison que rien ne vient dicter. Par contre, chacun estime avoir ses droits : être, jouir, éprouver le plaisir, posséder, prendre. Moi, je crois au devoir de l'homme envers lui-même bien sûr. Il doit s'épanouir, atteindre ses limites, rechercher le plaisir et l'équilibre, ne rien rejeter de ce qui le fait humain. Ce devoir de l'homme envers lui-même est sacré. Mais le devoir de l'homme envers les autres est aussi fondamental, car c'est le lien qui nous unit dans l'échange de nos responsabilités. L'homme est un projet humain, un élément vivant et autonome d'une histoire, qui le rend solidaire du passé de tous les hommes, de cette longue suite de générations et qui fait de lui un être conscient. L'homme est homme quand il choisit d'être libre. La vie elle-même est un choix. Je connais des hommes jeunes qui refusent de choisir la vie et se laissent glisser jour après jour dans le noir labyrinthe de la détresse. J'en connais d'autres qui, le corps mort, choisissent la vie et bâtissent une œuvre.

Marie Detaille : *Cet être conscient et donc libre auquel vous faites référence, comment l'atteindre ? Nos sociétés y préparent-elles l'individu ?*

Martin Gray : Nous vivons dans une société où les valeurs sont tout de même largement abandonnées, où le plaisir apparent des satisfactions rapides est constamment mis en avant, présenté comme une règle de vie. Mais être libre, c'est choisir notre propre discipline comme moyen quotidien d'avoir prise sur soi. Il ne faut pas croire que la discipline choisie soit une entrave à sa liberté. En s'appuyant sur elle, on va au contraire se libérer de ces servitudes que serait la soumission à nos humeurs. Si l'on veut avancer en restant le plus longtemps possible debout, sans être courbé par les difficultés ou par l'âge, mais un jour seulement se coucher comme un arbre toujours droit, il faut se donner une discipline et la respecter. Apprendre cette discipline devrait d'ailleurs être une fonction de l'enseignement.

Marie Detaille : *Venons-en à l'enseignement, est-il sur la bonne voie ?*

Martin Gray : Il y a l'enseignement des écoles, mais il y a aussi celui des familles et puis celui de la vie. Il faut que chaque chose, chaque être soient enseignement. Aujourd'hui, l'enseignement des écoles est devenu une grande machine où tous les enfants sont digérés et modelés. Qu'y apprend-on ? Des vertus humaines ou des données qui demain seront peut-être périmées ? Y enseigne-t-on "à apprendre" ? Apprendre n'est pas seulement accumuler des faits ou des chiffres : ceux-ci ne sont là que pour nous servir à "construire" à notre guise et avec notre personnalité. L'enseignement de la répétition ne peut que mutiler la fantaisie et la personne en tant que telle, car il la détourne de son travail personnel. Finalement, l'essentiel est que l'enseignement puisse aider chacun à trouver et développer son génie propre.

Marie Detaille : *A vous entendre, les enjeux se jouent très tôt. Pensez-vous que les jeunes adultes soient suffisamment armés pour se lancer dans l'aventure ?*

Martin Gray : Autrefois, le passage de l'adolescence à l'état adulte donnait lieu à une initiation. Les Anciens, les sorciers entouraient l'adolescent qui subissait des épreuves. Au terme de ces cérémonies, il devenait guerrier et pouvait affronter la société des hommes dont désormais il était membre. Mais aujourd'hui, où sont les aînés ? Qui dit aux adolescents que le temps vient, pour eux, des responsabilités ? Qui leur dit que la société dont ils font partie doit être respectée ? Qui leur parle du sacré des choses ? De leurs ancêtres ? Ils sont plongés dans un temps sans racines où seule la consommation rapide des objets détermine les actions. Il ne faut donc pas s'étonner de voir ces adolescents organiser à leur guise "leur cérémonie initiatique". Ils prennent des risques pour se prouver qu'ils sont devenus des hommes. Ils se lancent à grandes vitesses sur des circuits dangereux. Ils pratiquent la violence ou le vol. Ils se droguent parfois. Donc à travers cela que font-ils d'autre sinon que se prouver qu'ils sont des initiés ?

Ils se trompent évidemment, mais qui les guide ? C'est aux adultes d'organiser cette reconnaissance collective qui ferait découvrir à l'adolescent qu'il fait son entrée dans une société qui a un visage. A lui de contester ensuite ce visage s'il le veut. Et s'il le fait tant mieux. Mais rien n'est pire qu'une société qui n'offre aucun *idéal.*

Marie Detaille : *Les adultes n'ont-ils pas finalement peur de cette responsabilité considérable que d'être un guide ? N'optent-ils pas pour un rôle moins lourd à porter vis-à-vis de leur progéniture ?*

Martin Gray : Mais être adulte ce n'est pas seulement guider, c'est aussi montrer que l'on a des sentiments et de les exprimer. Etre adulte ne signifie pas que l'on devient un bloc de ciment, que l'on oublie sa joie pour n'être que gravité et orgueil ou un mannequin bourré de certitudes comme d'autres de paille. Etre adulte c'est avoir tenté d'apprendre ce que l'on était, d'où l'on venait, quelles étaient les raisons qui nous poussaient à agir, les peurs qui nous habitaient. C'est aussi avoir essayé de vivre vraiment en accord avec soi, c'est le vouloir à chaque instant. Il faut devenir capable de subir la défaite et surtout être suffisamment fort pour la surmonter.

Mais les temps que nous vivons n'exaltent pas l'âge adulte. On n'a pas compris que la jeunesse n'est qu'un passage et qu'il faut en accepter la fin, non pas dans le désespoir, mais dans la certitude heureuse que la vie adulte est meilleure encore parce que chaque âge de la vie peut ajouter à la vie.

Marie Detaille : *Quel héritage doit-on transmettre à nos enfants selon vous ?*

Martin Gray : Le plus bel héritage qu'un homme puit laisser à sa descendance, ce sont des mots sacrés, une foi, des convictions, et la croyance en certaines vertus. La transmission de cet héritage-là est un travail de chaque jour. Le regard des enfants est attentif. Ils savent voir le moindre de nos gestes, entendre le moindre de nos murmures. Rien ne leur échappe. Il nous faut aussi leur apprendre à diviser chaque difficulté en mille parcelles que l'on peut, l'une après l'autre, surmonter.

Finalement, la jeunesse n'est pas forcément le plus bel âge. La mienne n'a été que cicatrice. Mais je pense qu'elle est difficile pour tous, car être jeune c'est sans cesse apprendre en se heurtant aux autres et au monde. C'est aussi tenter de se tenir en équilibre dans une société déséquilibrée. Nous sommes comptables et responsables de la vie de nos enfants, responsables des chutes de la jeunesse en général. Nous n'avons pas le droit de mettre la jeunesse en accusation.

Vivre avec les adolescents aujourd'hui...

Eric JANSSENS, Procureur du Roi du Tribunal de la Jeunesse à Nivelles (Belgique).

Marie Detaille : Les ados, c'est votre pain quotidien n'est ce pas ?

Eric Janssens : A un triple titre au moins : je suis père de trois enfants "ado-rés", magistrat de la jeunesse et aussi associé à diverses A.S.B.L. au service des enfants.

Marie Detaille : Bon, on va commencer par ce rôle de père auquel vous tenez comme à la prunelle de vos yeux.

Eric Janssens : Etre père est mon rôle prioritaire. Chacun d'entre-nous a besoin de se sentir aimé de manière unique et privilégiée. Nous devons offrir ce cadeau à nos enfants, c'est le plus riche pour les aider à se construire : être quelqu'un pour quelqu'un. Nous sommes leur fondation. Je suis convaincu que pour devenir un adulte serein, il faut être, autant que faire se peut, en paix avec ses deux racines parentales. Personnellement, dans mon rôle éducatif, j'essaie de ne pas tout contrôler. La vie c'est aussi le risque. Si l'on n'accepte pas la partie intégrante de risque que comporte toute activité ou tout projet humain nous paralysons nos adolescents et leur soif énorme d'aventures en tout genre. Ici encore, la confiance que nous leur faisons leur permet de croire en eux et de se jeter résolument dans les nombreux challenges de l'existence. Tout comme nos enfants n'ont pas à réaliser les rêves de leurs parents, ils ont déjà bien assez de boulot à tenter de réaliser les leurs ! Pour ce faire, ils doivent se nourrir d'un maximum de rencontres, de découvertes et d'expériences positives en tout genre. Bref, tout ce qui met en lien constructif avec les autres et avec des réalités différentes.

Marie Detaille : Et l'Homme de loi ? Tout aussi engagé ?

Eric Janssens : Je suis un juriste passionné d'éducation. Je suis convaincu qu'il faut sans cesse multiplier expériences et connaissances, explorer de nouvelles pistes, affiner sa capacité d'analyse pour mieux décoder la réalité complexe des adolescents. C'est ce regard pluriel qui peut nous aider à mieux comprendre les situations humaines, certes souvent complexes, et de pouvoir apporter des réponses aux interrogations. C'est en cela que des équipes pluridisciplinaires comme "SOS enfants", "Espace-Rencontre" ou "Actions en milieu ouvert" sont vraiment bénéfiques, car elles croisent le psychologique, le médical, le social et le juridique.

Nos ados vivent ici et maintenant et leur temporalité est plus immédiate que celle des adultes, il ne faut jamais l'oublier... Appréhender leur réalité n'est pas chose aisée. Eux- mêmes ne sont- ils pas souvent un peu perdus ? Personne n'a le décrypteur universel, d' autant qu'il s'agit à chaque fois de situations et de vécus uniques, pour celui qui le vit comme pour celui qui tente de partager ce vécu... Pas de place pour le "prêt à éduquer" !

Marie Detaille : A Madame Dolto, y pensez-vous quelquefois ?

Eric Janssens : Certainement ! "Tout est langage", vous savez ! Un ado – comme tout être humain d'ailleurs – peut presque tout vivre et s'en sortir. Ses facultés d'adaptation sont extraordinaires à la condition que la parole circule. Les coups à l'âme ou au corps sont les mots de ceux qui n'en ont pas. Quand les choses sont dites, elles existent et nous avons une prise sur elles. Un vrai travail est alors possible. Mais pour qu'un ado accepte de partager une partie de son jardin secret avec quelqu'un, même s'il est bien préparé à cela, c'est très loin d'être évident. Se confier à un inconnu, un adulte de surcroît est même l'exception plutôt que la règle, me semble-t-il. Dans les situations très perturbées, apporter des réponses dès l'adolescence et conduire un adolescent à faire un réel travail sur soi et son histoire est très délicat. Cela requiert une sérieuse expérience professionnelle pour que l'ado partage un petit bout de chemin intime, le temps de retrouver les repères et les bases pour poursuivre sa route. Mais que cet adulte soit assistant social, psychologue, médecin, éducateur ou thérapeute, ce qui compte, c'est la confiance qu'il va inspirer au jeune et la relation forte qui va s'établir. C'est pourtant tellement fondamental, car travailler des difficultés en temps utile permet d'épargner son propre entourage et de gagner des années dans son développement personnel.

Marie Detaille : Un petit travail de définition : c'est quoi un ado ?

Eric Janssens : C'est quelqu'un qui, à ce stade de vie, est en recherche exacerbée de cohérence interne et externe. Toutes nos valeurs et tous nos comportements d'adulte sont passés au crible. Ainsi sont-ils les champions pour déceler les failles du cadre éducatif et de ceux qui les éduquent. Et c'est bien ce qui nous agace souvent ! Ils sont en fait fréquemment nos miroirs impitoyables et nous renvoient des images parfois difficiles à accepter. Beaucoup d'adultes le supportent mal et pourtant l'ado doit faire ses griffes et croître sur de solides tuteurs... Cette période reste néanmoins une rude mise à l'épreuve pour toute la famille et les proches. Les liens peuvent être profondément remis en question. Puissions-nous tenir bon et prendre le recul nécessaire c'est-à-dire assumer nos failles et nos fragilités. Les enfants qui ont eu un parcours particulier ou des difficultés spécifiques interrogent ces liens avec encore plus d'acuité. Je dis qu'ils font leur adolescence au carré. Mais l'enjeu est toujours le même me semble-t-il : vérifier s'ils sont encore aimables et aimés, au sens premier.

Nous ne sommes pas infaillibles nous parents. Témoigner du cheminement nécessaire à tous pour pallier à ses faiblesses peut se dire et se partager avec les ados. C'est plutôt rassurant d'ailleurs pour un ado de savoir que nous ne sommes pas parfaits non ? Jouer la toute-puissance ne paie pas, mais provoque plutôt l'escalade !

Marie Detaille : Qu'est ce qu'un adulte ne doit jamais oublier dans son rôle d'éducateur ?

Eric Janssens : Sans hésitation, c'est la communication ! Garder le lien. Toujours. Chaque jour. Etre à l'écoute de ses émotions et ses affects est vraiment crucial. Que vit-il ? Que ressent-il ? Comment le conseiller sans jamais juger sa personne ? Comment respecter ses sentiments tout en lui indiquant des limites et des options dictées par la raison ou l'expérience ? Parler en termes positifs de l'existence et des multiples façons de prendre positivement du plaisir est indispensable pour être écoutés. Il faut donner à nos adolescents l'envie de vivre une belle vie et construire la nôtre en ce sens pour faire l'exemple. Dans cette relation parent-enfant, l'humour est un allié de choix, tout comme le plaisir est un vrai moteur. Nous sommes plongés dans une société de la communication et j'ai pourtant l'impression qu'on se parle de moins en moins en profondeur. Les adultes doivent *réserver* des moments de paroles avec leurs enfants. Le repas familial en est un. Les gens vivent de plus en plus leur vie, en parallèle, sans plus assez se croiser, échanger et confronter leurs expériences...

Marie Detaille : Cette relation avec les proches est fondatrice, même si parfois un peu "rock and roll"...

Eric Janssens : L'absence d'un processus d'attachement, c'est le pire auquel un ado peut être confronté. Avoir un attachement, c'est essentiel pour grandir. L'ado éprouve une soif relationnelle immense. S'il n'est pas investi par au moins une personne, comme quelqu'un de très important et d'irremplaçable, il y a vraiment lieu de s'inquiéter pour lui. Il s'agit pour l'adulte non seulement de signifier clairement à l'adolescent qu'il est très important à ses yeux, mais aussi de tout faire pour l'être aussi aux siens. Cette réciprocité est très structurante. Lui donner l'estime de lui-même est essentiel. Dans le cas contraire, la peur d'autrui apparaîtra sous une forme ou une autre avec toutes les dérives désocialisantes qu'elle peut engendrer. Comme nous l'a appris Françoise Dolto, à l'image du homard, l'adolescent qui se cherche et se transforme se donne souvent l'apparence d'être dur vis-à-vis de l'extérieur alors qu'il se sent très fragile et insécurisé à l'intérieur. C'est donc aux adultes de le rassurer sur sa valeur et sa force et de renforcer sa confiance pour aborder toutes les transformations qu'il vit. C'est un dur labeur que d'être adolescent ! Un travail à plein temps comme le disent les médecins spécialisés. Le corps et l'esprit sont en suractivité ! Nos jeunes marchent sur des sables quelque peu mouvants avec de nouvelles échasses, ne l'oublions pas. Mais vivre c'est précisément une quête permanente d'équilibre, à tous les âges.

Marie Detaille : Et si on parlait du sens des responsabilités des adultes ?

Eric Janssens : Avant tout, un adulte doit offrir à son enfant un cadre et surtout l'appliquer les règles de ce cadre dans les affaires courantes de la vie quotidienne ! Jusqu'à la majorité de ses enfants, la responsabilité de l'adulte est, d'une part d'écouter son enfant, de l'entendre en profondeur et de tout faire pour le comprendre, et d'autre part, de décider des limites et de définir le cadre éducatif. C'est à lui seul aussi à en garantir le respect, en accord bien sûr avec l'heureux principe d'autorité conjointe des parents, très généralement d'application. "L'adultification" est malheureusement extrêmement répandue dans notre société. Nombreux sont les ados qui finissent par déterminer la norme... La verticalité des relations parents/enfants doit toujours demeurer pour les préserver. Nous sommes responsables d'eux. Il y a en quelque sorte une crise de l'autorité aujourd'hui. Les parents éprouvent de plus en plus de difficultés à "en imposer à leurs enfants". La tentation est forte de céder au "laisser tout faire, tout choisir". C'est un cadeau empoisonné. Ils ont besoin d'adultes solides et fiables. Ils ont un besoin viscéral de limites et de cadre, je le constate tous les jours. Comme magistrat de la jeunesse travaillant au sein d'un parquet, j'espère atteindre mon objectif : offrir ces cadeaux aux jeunes et aux familles: du cadre, des limites et du respect. La loi n'est rien d'autre que le respect ; celui-ci ne fonctionne que dans la réciprocité, il fonde le contrat social et rend possible la vie ensemble.

Marie Detaille : Quelle place réserve-t-on à nos jeunes dans la société ?

Eric Janssens : Un jeune a sa place dans notre société, mais le respect est à la base du fonctionnement social. Il faut toujours remettre à plat : bien (ré)expliquer et appliquer avec humanité et cohérence ce sur quoi nous discourons. Aussi, une sanction ne peut-être qu'une mise de limite bienveillante incluse dans un projet éducatif plus large. A défaut, cela renforcera la révolte du jeune. Mais il faut cesser de penser que les ados sont pires qu'avant. Les statistiques de l'Institut National de Criminalistique et de Criminologie le prouvent. Il n'y a pas plus de délinquants. La société n'a jamais été aussi sûre qu'aujourd'hui. Le souci est que le moindre fait est monté en épingle et mis sous la loupe grossissante de la médiatisation sous toutes ses formes. Le sensationnalisme paie bien en termes d'audience, mais fait beaucoup de dégâts en termes de fonctionnement social. De même, "l'émocratie" est une dérive majeure de la politique – spectacle pour laquelle l'image médiatique prime le débat de fond et qui privilégie la gouvernance à trop courte vue. La véritable violence se trouve dans le fossé grandissant entre les nantis et ceux qui ne possèdent rien. La fracture socio-économique empire chaque jour : voilà la première violence ! Le consumérisme et l'idéologie qui le sous-tendent laissent à croire qu'il est plus important d'avoir que d'être. Si la place de l'humain continue de régresser au profit du matérialisme, il est clair que les comportements transgressifs et illégaux progresseront.

Marie Detaille : Que dites-vous à ceux qui cherchent un coupable à tout prix ?

Eric Janssens : Il n'y a jamais un responsable, mais *des* responsabilités individuelles et collectives. Je distingue au moins trois niveaux de responsabilités concernant les actes infractionnels : les niveaux individuel, familial et social. Il ne faut jamais évacuer un de ces trois aspects sous peine de renforcer le sentiment d'injustice relatif à ces actes. La mise au point doit être faite à chacun de ces niveaux dans un souci de mise en mots de ce qui a poussé à la transgression et, ensuite dans un souci de reconstruction. Il nous faut des "réponses restauratrices" et notre législation protective les favorise intelligemment. Restaurer les liens que l'acte transgressif a mis à mal, c'est réparer très directement et concrètement ou bien sous un angle symbolique qui revêt une valeur pour le transgresseur. La réhabilitation de l'auteur est un objectif incontournable de toute démocratie. Un acte posé par un mineur n'a pas du tout la même signification et la même portée que le même acte posé par un adulte, notre système a intégré cela. Le droit à l'erreur doit être reconnu. N'oublions jamais que ceux qui transgressent le plus sont ceux qui ont été le moins respectés dans leur parcours d'une manière ou d'une autre, dans une écrasante majorité de cas. C'est pourquoi face à toute dérive délinquante, j'essaie d'intervenir le plus précocement possible. "Il est plus simple d'arrêter un fleuve près de la source que de l'embouchure", comme le dit le Professeur Naouri. Un des drames des jeunes en grande difficulté est celui de la solitude. C'est d'ailleurs le premier écueil lors des mises en autonomies précoces. Ce dont ils ont le plus besoin, c'est de quelqu'un qui pourra les accompagner de près dans leurs vies parfois tellement compliquées. Bref, il leur faut surtout un réel substitut parental si cette fonction n'est pas adéquatement assurée par au moins un parent ou un proche.

Marie Detaille : Comment gérer les demandes d'autonomie des ados ?

Eric Janssens : L'autonomie c'est la multiplicité des dépendances, parce que l'être humain est fragile et dépend toujours de son entourage et de ses proches. Rendre l'ado acteur de sa vie est primordial. L'image d'un soleil relationnel est très parlante. Faire croître le scintillement de ce soleil et donc de celui qui est au centre, en multipliant ses liens avec un maximum de personnes, voilà un bel objectif pour ceux qui veulent mener l'adolescent à l'autonomie. Rien de pire que la monodépendance qui asservit et aliène; cela peut déboucher sur les toxicomanies, l'enfer du jeu ou celui des sectes, et toutes les autres formes d'assuétude : Internet, jeux en ligne, la pornographie et sexe, et même au travail : les "workalcooliques". L équilibre humain doit reposer sur de multiples bases solides. Si l'une s'estompe, il y a les autres. Nous devons faire preuve d'humilité. Combien d'adolescents à la dérive n'ont-ils pas été tirés d'affaire par une rencontre "extraordinaire" que rien ne laissait prévoir ? Sommes-nous des personnes auxquelles nos adolescents voudront s'identifier ? Cela appelle à l'introspection... Fameux défi !

Marie Detaille : La meilleure piste préventive selon vous pour que les jeunes échappent aux multiples pièges de la société ?

Eric Janssens : J'insiste sur l'importance des apprentissages dès le plus jeune âge et dans les différents milieux de vie : la famille, le quartier, les maternelles. La valorisation maximale de l'éducatif et de l'enseignement est la meilleure des préventions avec, en parallèle, un soutien précoce et durable aux familles précarisées. Partons des potentialités des jeunes plutôt que de leurs difficultés. Le premier apprentissage devrait être celui du respect de soi et des autres, qui ne s'apprend que par l'exemple. Plus la société respectera ses enfants en les investissant avec un maximum de générosité, plus les enfants deviendront respectueux et citoyens actifs. Même sur le plan budgétaire, ce serait très rentable, sur le long terme bien sûr; or les échéances électorales notamment, favorisent une vision à très courte vue, du style sécuritaire par exemple. Etoffer très sérieusement l'école et les équipes pluridisciplinaires qui y travaillent et offrir à chaque enfant un lieu d'apprentissage, de formation, d'éducation, de citoyenneté et d'épanouissement personnel et social devrait être une priorité politique de premier ordre. L'exclusion sociale a d' ailleurs tendance à se développer avec toutes les conséquences désastreuses sur les vies des personnes et de la société. Comment donner sens à tout cela aux yeux de nos ados ? Les jeunes se suicident beaucoup plus qu'ils n'agressent. 80 % des dossiers judiciaires relatifs aux enfants et adolescents concernent des mineurs en danger, maltraités ou négligés. Mais les adultes parlent beaucoup plus de la minorité qui transgresse, comme si, dans un jeu de pouvoir, il fallait se prémunir ne nos jeunes qui risquent de prendre nos places et nos prérogatives...

Je pense que les jeunes nous font peur... et eux ont peur du monde qu'on leur donne. Il faut combattre cette méfiance réciproque.

Cultiver l'espérance dans les relations de soin : le soutien à la parentalité

Chiara SITA, docteur en Sciences de l'Education.

L'espérance soutient chaque acte de la vie ;
la confiance soutient l'espérance.

(M. Zambrano)

Dans des conditions de mélancolie et de dépression, c'est le sentiment de l'angoisse qui se répand, et en même temps, l'espérance s'affaiblit. L'espérance n'est pas seulement un sentiment, mais un élément qui structure la condition humaine. Comme Gabriel Marcel a souligné, dans un horizon de vie sans espérance, l'individu se trouve dans un monde où le temps ne fait rien d'autre que passer, sans apporter ce qui sert à construire un développement, une nouvelle vérité : l'individu se trouve dans un monde sans le temps. Au contraire, l'espérance est une ouverture au temps. Mais l'espérance peut aussi être une attente sans fin. C'est la confiance qui rend concrète la possibilité de cultiver l'espoir que les choses aillent autrement. Espérance et confiance sont des sentiments d'ouverture, de tension vers le temps et la réalité, et ils sont cultivés dans les relations, à partir des relations primaires, mais aussi dans un champ plus large de vie, d'échange, de communication. Espérance et confiance alimentent la vie et la réalisation de soi, à partir des relations primaires qui structurent notre identité personnelle et représentent la matrice génératrice de l'être humain.

Selon Winnicott, la confiance se construit dans une situation de *holding*, qui représente le prototype de toute expérience de soutien. Ce concept indique aussi bien le geste consistant à tenir physiquement dans ses bras l'enfant, que les soins que chacun peut recevoir de son contexte de vie et de relation. Dans cette perspective, le soutien est lié à la présence et à la proximité d'un autre, capable d'accueillir et de contenir les anxiétés et les tensions, d'accompagner l'examen de la réalité, d'encourager les ressources pour faire face aux situations problématiques : un besoin qui accompagne l'être humain à tous les âges de sa vie et qui peut trouver des réponses dans les contextes de soutien à la parentalité.

Si le développement humain est construit sur la matrice éthique du soin, capable de renforcer le sentiment de confiance, donc soutenir les relations de soin est une tâche qui concerne tous les sujets qui sont engagés dans l'action sociale et éducative[1]. Les actions de soutien à la parentalité ont précisément cet objectif.

De la culpabilisation au soutien

Le soutien à la relation parent/enfant semble avoir un rôle important dans la prévention des situations d'isolement, de désarroi, d'incertitude dans l'exercice de la fonction parentale.

L'expression "soutien à la parentalité" désigne des actions nombreuses et très diverses : mise en place de lieux d'écoute, de rencontre et de consultation ouverts à tous les parents, ateliers et groupes de parole, espaces pour parents et enfants, initiatives de formation pour les parents. Ces actions différentes ont en commun ce qu'on peut définir une "culture" familiale qui présuppose que les familles ne représentent pas uniquement des sources de problèmes, mais aussi des ressources pour elles-mêmes, pour leurs enfants et pour d'autres familles avec lesquelles elles peuvent construire des contextes d'entraide. Le travail social, dans ce cadre, devient très flexible : il s'agit de construire des contextes de proximité, de développer des liens positifs et partenariaux entre parents et professionnels, de resituer les adultes dans leur fonction de parent en valorisant leurs savoirs et leurs compétences.

Cette perspective permet de sortir d'une vision assez courante chez les professionnels sociaux, selon laquelle la famille est considérée comme un sujet ambivalent. D'un côté, elle représente la première ressource pour le développement et le bien-être de l'enfant ; de l'autre, elle peut être vue comme une potentielle source de pathologie, et le travail avec les enfants est surtout finalisé à limiter ou à substituer l'action de la famille. Pour cette raison, la liberté de la famille est en même temps surveillée par les organismes de contrôle social et soutenue, encouragée et valorisée par les institutions publiques, selon les finalités déclarées dans la plupart des Constitutions des Etats européens.

La perspective du contrôle et celle du soutien présentent des risques antithétiques : la stigmatisation des parents, toujours coupables potentiels, ou leur idéalisation à tout prix.

Dans la perspective du soutien, les parents sont mis en condition de bénéficier non seulement d'interventions de surveillance ou de "réparation", qui risquent de leur renvoyer une image de famille dépourvue de ressources, mais aussi de formes d'aide pouvant leur permettre de s'approprier de leur propre rôle et de leurs compétences.

1 L. MORTARI, *La pratica dell'aver cura*, Milano, Bruno Mondadori, 2006.

"On n'enseigne pas aux parents"

Les actions de soutien à la parentalité suivent le principe que le "métier de parent" ne peut pas faire l'objet d'enseignement. Dans les dernières années, plusieurs chercheurs et professionnels se sont demandé si les parents "démissionnaires" par rapport à leur rôle d'éducateurs n'étaient pas plutôt des adultes "démissionnés" par les professionnels qui ont essayé de leur donner des règles de comportement sans reconnaître les savoirs et les compétences familiaux.[1] Le principe selon lequel "on n'enseigne pas aux parents" est accompagné par la conscience qu'il n'y a pas une "vérité" dans les approches proposées, mais que les parents peuvent trouver les langages et modalités qui s'adaptent le mieux à leurs situations, dans un cadre flexible où tous les savoirs ont une dignité et une valeur égales.

Ces considérations émergent à partir de la constatation d'un effet pervers de la vulgarisation psychologique sur l'éducation des enfants.

Parfois la diffusion de connaissances, souvent contradictoires, destinées aux parents a alimenté leurs sentiments d'inadéquation, de désarroi et d'insécurité. Les mères et les pères, surtout ceux qui vivent la perte des repères liés à leur propre histoire familiale, la fragilisation des liens sociaux de proximité à cause de plusieurs facteurs (immigration récente, travail hors foyer, difficulté à créer des liens avec les voisins...), entrent parfois dans un circuit de dépendance par rapport aux experts, chargés de leur donner des solutions "magiques".

Prévenir, c'est donner du sens

Du point de vue sémantique, le mot "prévention" signifie "venir avant" une situation, qu'on peut prévoir ou craindre pour le futur. Prévenir serait donc agir pour empêcher qu'une situation négative se vérifie. Pour cette raison, il est difficile de parler de "prévention" dans le domaine de l'éducation et du travail social. Si "prévenir" signifie agir sur les causes qui déterminent des phénomènes, on devrait présupposer que les différentes conditions de vie sont déterminées par des facteurs identifiables sur lesquels il est possible d'intervenir. Cette conception de la prévention est sans doute réductrice et inapplicable dans le champ de l'éducation et du travail social.

Au contraire, la prévention devrait s'appuyer sur la connaissance de la singularité des histoires des individus et des familles vivant des situations très diverses et pas uniquement déterminées par des conditions externes. Les comportements humains, y compris les formes inadéquates de relation parent – enfant, ne sont pas les résultats d'une série d'événements, mais ils sont caractérisés par une forte dimension

1 B. PETRE, "Parents démissionnaires ou... démissionnés ?", in *Quels repères pour grandir ?*, Couleur livres, 2004, p.29-44.

relationnelle et symbolique enracinée dans le sujet et dans son rapport avec la réalité. C'est pourtant sur les sujets, les relations, le sens et pas seulement sur les événements et les conditions extérieures, que l'action sociale devrait se focaliser dans une démarche de prévention.

Les interventions préventives visent à entreprendre des formes efficaces d'écoute, de construction de liens, de connaissance des besoins et des difficultés, d'accompagnement et de soutien à travers des actions qui sont caractérisées par leur caractère informel et général. Cela signifie qu'il s'agit d'interventions n'ayant pas "d'objet" spécifique, ni de public ciblé, mais s'inscrivant dans une démarche de promotion et de valorisation des ressources et des compétences qui contribue à prévenir l'apparition de conditions d'isolement, de désarroi, d'impuissance, pouvant constituer un terrain favorable à l'émergence de situations très graves, et créer des contextes dans lesquels il est possible d'identifier les situations problématiques et de garantir leur prise en charge.

Du partage à la co-responsabilité

La réponse proposée par les actions éducatives de soutien à la parentalité vise à permettre aux parents de reconstruire des relations, d'accéder à des lieux de rencontre et d'échange et de faciliter la connaissance et l'accès aux services du quartier.

L'objectif principal est d'aider tous les parents dans l'exercice de leurs fonctions en favorisant l'échange et la construction des relations entre parents, les professionnels n'intervenant qu'en appui.

Cette forme de soutien travaille principalement pour l'ouverture d'espaces (physiques et symboliques) de relation, de rencontre et d'échange, souvent inspirés au modèle de la Maison Verte de Françoise Dolto. Ces espaces, selon la dénomination souvent utilisée par les professionnels, sont des "lieux accueillants" pouvant recevoir les familles, leurs histoires, leurs difficultés, leurs peurs et devenir des lieux de relations significatives, d'écoute et de soutien réciproques dans un espace extérieur à la maison, à la fois ouvert et protégé. Ces lieux sont intentionnellement ouverts ; on peut y accéder librement, sans rendez-vous. Ils se veulent semblables "à la cour", c'est-à-dire aux espaces informels où les adultes et les enfants peuvent se rencontrer, interagir, développer des liens de soutien. Il ne s'agit pas d'espaces structurés, rigides, définis à l'avance. Au contraire, ils sont flexibles par leur structure aussi bien que leurs règles d'accès. Les familles qui les fréquentent leur donnent une connotation, proposent des activités et peuvent les personnaliser. Les professionnels valorisent l'apport des parents et les encouragent à s'approprier des espaces de groupe, souvent à partir d'expériences de convivialité et de rencontre informelle.

Les actions mises en œuvre visent à donner aux familles des espaces et des temps pour l'échange et la socialisation comme alternative au recours à l'expert pour trouver une réponse à leurs doutes. Les professionnels sont présents et disponibles pour donner une orientation ou promouvoir une prise en charge des situations plus complexes, mais en seconde ligne. Le choix de la dimension du groupe est lié aux finalités de dépassement de l'isolement, de dédramatisation de certains problèmes et de restauration de la confiance des parents.

Mieux traiter les parents

Différents aspects de la culture du soutien à la parentalité peuvent être rattachés à ce qu'on a défini sous le terme de "bientraitance"[1] : la notion de bientraitance, qui propose un changement de perspective dans le travail social, définit une condition complexe et multidimensionnelle qui ne peut pas être seulement attribuée à un microsystème relationnel (par exemple, la famille ou la dyade parent-professionnel), mais qui concerne plusieurs acteurs et relations significatives pour l'individu : les réseaux informels, les professionnels, les institutions.

Promouvoir la bientraitance signifie reconnaître la valeur des liens de proximité, de la coéducation des parents et professionnels, valoriser les responsabilités parentales sans vouloir se substituer aux parents, réaliser des interventions souples, d'accompagnement, d'écoute et d'échange permettant aux parents de se sentir à l'aise.

Ces actions répondent à une démarche de co-éducation, fondée sur les expériences d'accompagnement visant à abandonner une vision de la prévention construite sur une "logique de la peur" au profit d'une logique de proximité et d'élargissement de l'éventail des co-éducateurs, effectifs et potentiels, qui contribuent à aider et soutenir les parents.

Ces relations apportent à l'individu des ressources essentielles pour son développement et sa qualité de vie. Le sentiment d'appartenance, la possibilité d'exprimer ses émotions et d'être compris, l'accompagnement dans la construction de sens à sa propre expérience composent le patrimoine invisible qui est échangé dans les contextes sociaux qui visent à valoriser les liens, la confiance mutuelle, la réciprocité, l'expression de soi.

1 M. GABEL, F. JESU, M. MANCIAUX, *Bientraitances. Mieux traîter familles et professionnels,* Paris, Fleurus, 2000.

Tout se joue avant... la mort !

Jean EPSTEIN, psycho-sociologue.

Aux origines de cette phrase, entendue à diverses reprises dans la bouche de Françoise Dolto, un "coup de gueule" de sa part !

En effet, le chemin qu'elle avait suivi afin de démontrer à quel point *"Bébé est une personne"* (titre d'un film réalisé en 1984 par Bernard Martino) avait été très long et parsemé d'embûches. N'entendait-on pas encore, au début des années septante, parler d'elle de manière péjorative, voire moqueuse ?

Fort heureusement, ses convictions ont fini par l'emporter et être reconnues dès la seconde partie de cette même décennie... transformant ses plus farouches détracteurs en "pseudo-disciples" prêts à la sanctifier !

A vrai dire, dans un premier temps, de tels revirements l'amusaient beaucoup.

Par contre, quelques années plus tard, certains discours ambiants ou titres de livres publiés par des auteurs faisant implicitement ou explicitement référence à ses théories l'amenèrent moins à sourire.

Bien que profondément militante autour de l'importance fondamentale des acquisitions de toutes natures réalisées au cours de la prime enfance, Françoise Dolto frémissait lorsqu'elle recevait des ouvrages dont les intitulés commençaient par *"Tout..."* ("Tout se joue avant trois ans", "Tout se joue avant six ans", "Tout se joue avant la maternelle", etc.).

Ainsi, elle qui s'était si longtemps battue pour faire reconnaître "les compétences du tout-petit", se plaisait fréquemment à parler de "sessions de rattrapage", en insistant sur le fait que le développement d'un enfant, dans ses divers aspects interactifs (psychologique, moteur, sensoriel, affectif, intellectuel...) était à la fois précoce et lent et que bon nombre de grands enfants, d'adolescents (voir *"Le complexe du homard"*) "redescendaient" par séquences vers des apprentissages de la toute petite enfance qui n'avaient pas été élaborés dans de bonnes conditions, pour les améliorer, les compléter, les achever.

D'où le constat que les adolescents ne sont surtout pas "ni enfants ni adultes" mais, au contraire, en permanence les deux à la fois !

C'est précisément de cet état d'esprit qu'est née la phrase citée au début de ce texte qui, pour être complète, avait comme chute : *"et encore..."*

Car Françoise Dolto, étant très croyante, prenait plaisir, avec l'humour qu'on lui connaissait, à élargir le débat grâce à une telle affirmation : *"Tout se joue avant la mort... Et encore ! ?"*

Il serait démesurément long, voire impossible, de faire un arrêt sur image sur les multiples cadeaux, très simples en apparence, qu'elle nous a offerts à travers des phrases qui, chacune, permettrait d'écrire un ouvrage entier !

Citons-en quelques exemples, parmi des milliers glanés au fil de ses propos.

"Quand on explique à un bébé son histoire, je sais qu'il ne comprend pas, mais je suis sûre qu'il en fait quelque chose !"

Ou bien une autre phrase qui peut sembler encore plus rudimentaire, mais qui, pourtant, a de quoi alimenter de nombreux colloques :

"(...) Le seul rôle qu'un enfant peut jouer dans une famille, c'est d'être l'enfant de ses parents ! Aucun enfant n'a pour vocation d'être le parent de ses parents, ni leur conjoint, ni leur thérapeute, ni leur punching-ball, pas plus que leur confident ! (...)"

Autant d'éclairages qui, au-delà des années, paraissent plus que jamais d'actualité, tout comme ce dernier clin d'œil qu'elle se plaisait à adresser à certains parents désemparés, ayant perdu confiance en eux, en leur disant : *"Vous êtes les meilleurs parents du monde, vu que vos enfants n'en ont pas d'autres !..."*

N'en va-t-il pas de même pour nous, les humains, "parents" de cette planète qui semble parfois tourner si mal, tout aussi désemparés et toujours un peu coupables de notre impuissance à ce qu'elle aille mieux ?

Dans les moments de lassitude, de dégoût, de désespoir, peut-être est-il bon de se rappeler que si, pour un homme *"tout se joue avant... la mort"*, pour une société, même si elle nous apparaît à certains moments sinistre ou catastrophique, rien n'est jamais définitivement joué !

Que faire ? Rien ? Mais ! Si...

André NAYER, juriste.

Le monde contemporain est dur à vivre. Son quotidien implacable pour bien des êtres humains. N'étant ni historien ni économiste je ne sais s'il l'est plus, ou moins, qu'auparavant. Je constate simplement l'intense difficulté, pour une part non négligeable de la population mondiale, à pouvoir travailler décemment, ou à seulement pouvoir bénéficier de simples bienfaits naturels : eau pure, lumière du jour, air et terres non pollués. Quelle angoisse inimaginable pour eux ! Comment exister dans de telles conditions, qui n'offrent même pas l'occasion, comme chez nous, de "crises existentielles" à répétition.

En effet, quel étonnant paradoxe : si pour nombre d'entre nous aussi l'absence d'emploi, par exemple, ne permet d'être en paix ni avec soi-même ni avec les autres, une fois un travail [1] dégoté l'inquiétude persiste ! Comme si nous devions perpétuellement être aux aguets. Car, dès l'activité entamée, même ou surtout si c'est celle espérée, elle pourrait disparaître, s'évaporer... Rien n'est parfait ! Que doivent alors supporter ceux qui subissent les lourdes contraintes nées de tâches purement alimentaires, lesquelles interdisent fréquemment toute profonde satisfaction ?

Serions-nous passés maître es-culture d'une crainte de la perte, d'une angoisse de la fluctuation, de la peur du lendemain ?

N'ayant d'autre certitude que celle de notre inéluctable mort, tout, entre notre naissance et cette fin ne relève-t-il pas, nécessairement, du champ de l'incertitude infinie ? A quoi voulons-nous échapper exactement ?

1 "(...) le travail est une expérience radicalement différente selon les personnes. Pour beaucoup – et c'est le cas le plus courant –, il s'agit d'une activité imposée par les nécessités les plus primaires de l'existence : c'est ce que les êtres humains doivent faire, et même subir, pour avoir de quoi subsister. (...) Le paradoxe est là. – aussi ! – Le mot travail s'applique simultanément à ceux pour lesquels il est épuisant, fastidieux, désagréable, et à ceux qui y prennent manifestement plaisir et n'y voient aucune contrainte. Avec un sens gratifiant de leur importance personnelle, peut-être, ou de la supériorité qu'on leur reconnaît en plaçant les autres sous leurs ordres. Travail désigne à la fois l'obligation imposée aux uns et la source de prestige et de forte rémunération que désirent ardemment les autres, et dont ils jouissent. User du même mot pour les deux situations est déjà un signe évident d'escroquerie. (...) Le travail est jugé essentiel pour les pauvres. S'en affranchir est louable pour les riches.", J. K. GALBRAITH, *Les mensonges de l'économie*, Essai, Grasset, 2004, p.33-34.

Des roseaux
nus
tentent l'échappatoire
offrent aux vagues drues
leur hampe désespérante

Notre compréhension de la vie est durement mise à l'épreuve par l'inlassable question du sens. Abandonnant, un moment, l'explication, l'inévitable "pourquoi ?" à la sensibilité de chacun, ne devrions-nous pas réapprendre à cultiver certaines dynamiques salvatrices, individuelles et collectives. A investir plus résolument les "que faire ?" et "comment faire ?" Car enfin, tous les futurs sont possibles ! [1]

Quelques traces de paysages...

L'accélération de la croissance de la population a atteint aujourd'hui un rythme sans précédent, et ce, malgré les conséquences destructrices des épidémies et des guerres. "En un seul millénaire (...) l'effectif de l'humanité passe de quelques centaines de millions à quelques milliards..." [2] Ce qui a pour effet que la part de la population en Europe, actuellement stagnante, "se rétrécit à quelques 5 % de la population mondiale", et est confrontée à une multitude de personnes prêtes à engager leur force de travail à des conditions nettement inférieures à celles en vigueur dans les pays industrialisés. Parallèlement à la multiplication de la population, l'augmentation de la longévité contribue aussi, en raison des progrès actuels et futurs de la médecine dans les pays économiquement avancés (et, dans une moindre mesure, dans les autres), à l'accroissement démographique et à l'allongement de la maîtrise des capacités humaines.[3]

Parmi les conséquences de cette évolution démographique, nous pouvons relever :

- à l'échelle planétaire, l'accentuation du caractère de plus en plus dispensable de la main d'œuvre, le renforcement de son instrumentalisation et la démultiplication

1 *Futuribles*, nom d'une revue de prospective à caractère interdisciplinaire qui "analyse ce qui peut advenir (les futurs possibles) et ce qui peut être fait (les politiques et les stratégies) vis-à-vis des grands défis du futur.", mensuel, Paris.

2 M. BEAUD, *Le basculement du monde*, Ed. La Découverte, Paris, 1997, p.61, qui précise (p.172), "qu'il a fallu : - des centaines de millénaires pour qu'elle atteigne le premier milliard, en 1800 ; - 127 ans pour qu'elle atteigne le deuxième, en 1927 ; - 33 ans pour qu'elle atteigne le troisième, en 1960 ; - 14 ans pour qu'elle atteigne le quatrième, en 1974 ; - 13 ans pour qu'elle atteigne le cinquième, en 1987 ; - Et il aura probablement fallu 12 ans pour qu'elle atteigne le sixième milliard, en 1999. De deux milliards en 1927 à six milliards en 1999, l'essentiel de cet accroissement aura lieu dans l'ex-tiers monde."

3 J. BOISSONNAT (prés.), *Le travail dans vingt ans*, Rapport de la Commission, Commissariat général du Plan, Ed. Odile Jacob, Documentation française, 1995, p.16.

du nombre de consommateurs susceptibles, dans la mesure de leurs ressources, d'être intéressés par les produits et services fournis par les entreprises ;

- à l'échelle européenne, partant du seul point de vue du vieillissement de la population et du déclin démographique, les perspectives d'allongement de la carrière des travailleurs, les incidences du coût du travail, les interrogations sur la viabilité des systèmes de sécurité sociale, la façon de prendre en compte des ressources potentielles que représentent les migrations de travailleurs étrangers.

L'accélération de la production globale des richesses est telle que le revenu moyen par habitant continue lui aussi à augmenter, malgré l'accroissement spectaculaire de la population. Tout irait pour le mieux si le mode de répartition des richesses n'était aussi inéquitable. En effet, l'évolution de la répartition des richesses s'opère selon un processus de renforcement des extrêmes qui, lui aussi, s'accélère. Ainsi, se rapportant à la répartition des richesses dans la population mondiale : [1]

- en 1969, un cinquième des plus pauvres recevait 2,3 % du revenu mondial, et un cinquième des plus riches 69 %, alors que
- en 1994, un cinquième des plus pauvres recevait 1,1 % du revenu mondial, un cinquième des plus riches 86 % !

Cette tendance est confirmée et nuancée par diverses études. Selon une enquête réalisée auprès des ménages pour les années 1988 à 1993 : [2]

- à l'échelle planétaire, 1 % des plus riches disposait d'un revenu cumulé égal à celui des 57 % les plus pauvres,
- environ 25 % des habitants de la planète se partage 5 % du revenu mondial.

Il me semble que nous sommes donc assez concernés en Europe, en Belgique, à Bruxelles, dans mon quartier, ma rue... mais pas touchés de la même façon par tous ces événements, ces situations et ces contraintes infernales.

Pour autant, puis-je ne pas m'interroger sur une partie de l'avenir, de notre devenir ? Durant des années, en analysant une situation si tourbillonnante et si insaisissable, je me suis posé une question fondamentale pour mes amis, mes proches et moi.

Que faire ?

Je m'aperçois que le grand risque qui nous guette est que tout soit transformé – quelle minable alchimie – en monnaie sonnante et trébuchante. L'argent (mode

1 Selon la courbe mondiale de l'inégalité évaluée et dessinée en 1989, et des calculs plus récents effectués par le PNUD (Programme des Nations-Unies pour le Développement).

2 "Qui corrige les niveaux de revenu par le biais de conversions en parité de pouvoir d'achat", Rapport mondial sur le développement humain,2001, Ed. De Boeck & Larcier, 2001, p.20.

intéressant et incontournable pour faciliter les échanges économiques et payer le labeur professionnel) est de plus en plus utilisé par un système financier cynique, pour tenir les gens en laisse, les détenir en captivité, les asservir indéfiniment, les épuiser journellement. Très peu de personnes peuvent échapper à ce carcan impitoyable : tout se paie, se monnaye, se facture...

Même le vivant est mis en coupe réglée, organes vitaux et aliments n'échappent pas au "gang du fric".

Que faire ? Perdre espoir ?

Ma résistance de juriste est confortée par une vision. Je (me) dis : *Rien ? Mais ! Si...*

Le droit ne serait *Rien ? Mais*, ce peut être un petit quelque chose d'utile en cas de conflit ! *Si* je dispose de moyens de preuve et de procédures pour défendre mes droits...

Pour échapper à la fatalité de l'écrasement dû au labeur, ou à celle de l'impitoyable encerclement financier, il convient, je pense, de se situer le plus clairement possible par rapport aux exigences abrutissantes qui nous sont proposées, ou imposées. Etant tenu de travailler (disons d'avoir une activité d'indépendant, de salarié ou de fonctionnaire), autant que cela se fasse dans les meilleures conditions possibles. En ce qui concerne ces dernières, les garanties offertes par le système juridique d'un Etat démocratique sont remarquables (qu'on se le dise).

Nous devons passer par la compréhension d'un phénomène simple : en l'absence de démocratie, point de salut... même si, en sa présence, le salut reste aléatoire.[1] Tout dans nos vies n'étant qu'accomplissement de mouvements, dans un temps et un espace donnés, que décidons-nous ? Vivre en démocratie nous donne une certaine latitude, celle de pouvoir choisir.

Que faire ? Choisir !

Choisir, dans un cadre prédéterminé sans doute (celui de ma vie, de mes capacités, de la société, des moyens dont je dispose ou pas...), mais choisir, avec lucidité et le plus librement possible, et le plus joyeusement qui soit... malgré tout.

Ma qualification de juriste sans doute, et surtout mes fonctions d'enseignant et de chercheur, m'aident à cela ayant, notamment grâce à elles, une appréhen-

1 A. SEN, Prix Nobel d'économie, *La démocratie des autres*, Rivages Poche/Petite Bibliothèque, Ed. Payot & Rivages, 1999, 2003, 94 p.

sion plus nette des notions d'espace, de temps et de mouvements.[1] C'est-à-dire, (in)directement, la connaissance rationnelle, doublée d'une perception intuitive, quelquefois même instinctive, des repères et repaires, des boues et bouées, des duretés et des douceurs, des cadenas et des ouvertures, des logiques et des ruptures, des lisses et des aspérités, des infaillibles et des failles, des frontières et des porosités, et que sais-je encore ?

L'inlassable question
est partie d'une rive
a lissé l'avenir
effleuré l'horizon
heurté des confins
et m'est revenue,
de plein fouet,
vide de tout écho

Comment faire ?

Nous devons tout à la fois travailler la démocratie et croire en nos capacités.[2] La démocratie est comme un bien meuble. Il convient de la modeler. Les capacités, elles,

1 A. NAYER, "Droit du travail-Espace, Temps, Mouvements, PUB, Académie universitaire Wallonie-Bruxelles", 2007-2008, 265p. et «Droit du travail et Cyberespace : du vestige au vertige ?", in *Les droits de l'homme dans le cyberespace*, Collection Droit du cyberespace, UNESCO/ECONOMICA, 2005, p.131 à 151.

2 "(…) Il est essentiel de renforcer les capacités dont disposent les êtres humains, c'est-à-dire la diversité de ce que les individus peuvent réaliser ou devenir. Les capacités les plus fondamentales dans l'optique du développement humain sont les suivantes : vivre longtemps et en bonne santé, acquérir un savoir et des connaissances, avoir un accès aux ressources nécessaires pour mener une existence décente et être en mesure de participer à la vie de la collectivité. En l'absence de ces capacités, un grand nombre de possibilités de choix sont tout simplement impossibles, et maintes opportunités demeurent hors d'atteinte." *Rapport mondial sur le développement humain*, op.cit., p.9. Voir aussi A. SEN, *Un nouveau modèle économique. Développement, justice, liberté*, Paris, Ed. Odile Jacob, 1999, 356p., ouvrage dans lequel il analyse la différence entre "capital humain" et "capacités humaines". Le capital humain "privilégie la fonction d'agent des individus pour autant qu'elle favorise les possibilités productives", alors que la notion de capacités humaines "met en avant la faculté, c'est-à-dire la liberté substantielle qu'ont les gens de vivre la vie qu'ils souhaitent et qu'ils ont raison de souhaiter et l'amélioration des choix à leur disposition pour y parvenir (…) la notion de capacité humaine (…) prend en compte les conséquences directes et indirectes des facultés humaines (…) – par exemple, si l'éducation améliore la productivité d'un individu, le capital humain s'en trouve amélioré puisque la valeur de la production économique s'accroît, ainsi que les revenus de l'individu (…) Considérons un autre individu qui a reçu la même éducation sans que ses revenus en soient accrus. Il tirera tout de même parti de cet avantage sous d'autres formes (lecture, faculté de communiquer, d'argumenter, de s'informer, d'être pris au sérieux, etc.). Les bénéfices de l'éducation vont bien au-delà de leur apport au capital humain dans la production de biens."

nous sont tout à la fois innées et acquises. Mixer les deux, démocratie et capacités humaines, peut devenir intéressant.[1]

En effet, le constat semble de plus en plus s'imposer aujourd'hui : la démocratie constitue le système politique le plus adapté au bien-être des individus et des groupes. C'est elle qui tire l'économie vers des réalisations propices à nos exigences humaines de liberté, d'équité, de solidarité, de bienveillance. C'est dans ce cadre-là que se manifestent nos attentes, nos impatiences, nos potentialités. Oublier ce contexte fabuleux serait, est, impardonnable. Bien entendu la démocratie est quelques fois douteuse, viciée ou bégayante. Qu'à cela ne tienne, ses fondements, ses valeurs, ses ressorts juridiques et judiciaires, ses lignes de force qui tentent de clarifier les enjeux, nous offrent en permanence la chance d'une évolution concrète. Nos vies ne sont pas toutes entières contenues dans une désespérance collective, ou individuelle. Nous devons être conscients de ce que la démocratie est une donnée qui soutient nos vivacités personnelles. Aucun autre système politique ne leur offre autant d'ouverture, de chance d'exister, et de se déployer. Rien que pour cette raison, nous sommes, dans cette partie du monde, des privilégiés.

Alors, comment faire ?

Il n'y a pas de recette. Seulement la nécessité de trimbaler avec soi la dose de lucidité qui sauve...[2] Car enfin, que voulons-nous ? Je suppose le bonheur. Mais encore ? De disposer de tous les moyens qui y mènent. Notre société démocratique recèle ces éléments et tente leur distribution équitable entre tous les citoyens. Biens matériels, corporels, et immatériels, incorporels, existent à profusion. La quasi-totalité de la population d'Europe occidentale peut se nourrir, se loger, se chauffer (...) elle peut également s'instruire, se soigner, se déplacer, se délasser, à des conditions généralement accessibles. Sans doute la coupe ne borde-t-elle pas toujours nos lèvres et un combat de fond est exigé pour sauvegarder ces conditions, les améliorer, les généraliser. La démocratie nous permet ce combat sans trop de dangers physique, et mental. A nous d'imprimer notre empreinte en pleine conscience et connaissance de cause.

La connaissance est le fondement possible d'une approche idéale et pragmatique. Je suis de ceux qui penchent pour nous encourager, d'abord, à une meilleure connaissance de soi. Qui suis-je ? Quels sont mes besoins ? Et mes désirs ? Compte tenu des

---

1 Comme le dit Amartya Sen, "la perspective des capacités suppose que l'on revienne à une approche plus intégrée du développement économique et social (...) Une meilleure compréhension du rôle des capacités humaines nécessite de prendre en compte : 1. leur importance directe pour le bien-être et la liberté des gens ; 2. leur rôle indirect par l'influence qu'elles exercent sur le changement social ; 3. leur rôle indirect par l'influence qu'elles exercent sur la production économique.", Un nouveau modèle économique (...), *op. cit.*

2 "Pour moi, être scientifique consiste à s'efforcer de gagner en lucidité. (...) Lorsque nous avons acquis cette lucidité, (...) nous ressentons comme undevoir de la partager.", A. JACQUARD, "Lucidité ou utopie", dans ce livre, p.90.

arcanes et chicanes, comment procéder pour me découvrir, et donc me couvrir... Chacun a la possibilité d'accepter ces interrogations, ou de les fuir. Les chemins qui peuvent mener à une connaissance plus sûre de son être, de ses propres capacités, du processus opératoire le plus adapté à soi, sont divers et nombreux... A nous de les investir.

A quel propos, par exemple ?

Dans un livre récent j'ai tenté, avec deux chercheurs, juristes elles aussi [1], une première réflexion sur le droit à l'épanouissement de l'être humain au travail. Des conditions objectives, parmi d'autres, peuvent être énumérées qui matérialisent cette perspective très optimiste, et très réaliste. Elles sont au nombre de cinq. Elles ont trait à des domaines qui impulsent notre vitalité et ont pour nom : non-discrimination, santé, formation, temps et autonomie. Ces préoccupations universelles ne pourraient-elles précisément constituer autant de propos, de sujets, de pistes à sillonner ? Si nous devons nous battre, autant le faire sur un terrain qui regroupe des enjeux fondamentaux pour le façonnement de notre bien-être et de notre épanouissement.

Ainsi, il me parait illusoire d'espérer un réel bien-être dès lors que nous serions discriminés au travail. Nous devons constater qu'en Europe, et singulièrement en Belgique, des textes précis tendent à garantir une lutte efficace contre les inégalités qui peuvent nous assaillir de toutes parts, particulièrement dans la sphère de l'activité professionnelle.[2] La non-discrimination est un must ! Nous devons en cultiver les potentialités humaines étonnantes.

D'une heureuse santé mentale collective, qui lutte contre le racisme, la xénophobie et ses avatars en tous genres, à la préservation des santés individuelles il n'y a qu'un pas, qu'une vigueur ! Je pense notamment qu'une santé déficiente fragilise l'idée même de l'épanouissement. Nous devons savoir gré au mécanisme de la sécurité sociale qui nous aide à prévenir, à guérir, à conforter notre être, tant physiquement que mentalement. Dans le même ordre d'idées, songeons aux acquis incontestables que constituent les textes de droit du travail qui répriment toutes les formes de harcèlement physique et moral, phénomène qui, à l'instar du stress, fragilise, étouffe, érode, détruit, la santé personnelle.

Ne pensons-nous pas qu'il conviendrait aussi de conjuguer formation professionnelle adaptée et éducation de base assurée à chacun d'entre nous ? Imaginons-nous atout plus extraordinaire pour les développements particuliers et généraux ? Utilisée avec clairvoyance et pertinence, la formation peut devenir un outil remarquable de progression individuelle et de déploiement des capacités propres à chaque tra-

1 A. CIESLAR, A. NAYER, B. SMEESTERS, *Le droit à l'épanouissement de l'être humain au travail – Métamorphoses du droit social*, Bruylant, Bruxelles, 2007, 857p.

2 Lois belges du 10 mai 2007.

vailleur, fonctionnaire, indépendant ou salarié. Nous ne glorifierons jamais assez le savoir.

Du savoir, au pouvoir… sur soi ! La meilleure maîtrise de son temps est l'un des sujets majeurs et incontournables de notre vie.[1] Comment se réserver du temps ? Comment le répartir au mieux compte tenu des exigences professionnelles, sociales, collectives, et de celles qui sont plus privées, amicales, amoureuses, culturelles, familiales ? [2] Comment négocier ce temps aujourd'hui, dans la relation professionnelle, pour s'y consacrer au mieux ? Autrement dit, comment le prendre ? Les réductions périodiques du temps de travail dessinent la recherche opiniâtre de l'équilibre entre les différents temps de vie ; et au sein du temps de travail la balance subtile, mais indispensable, entre les moments de concentration dans l'exécution des actes professionnels et les instants de convivialité, de dialogue, d'échange avec son entourage professionnel.

Ces interrogations nous rapprochent de la question, de plus en plus décisive, de l'autonomie personnelle dans l'exécution des tâches que l'on s'assigne, ou que l'on se voit assigner. Etre indépendant ou salarié ? Voilà une question cruciale ! Notre construction sociale a privilégié le salariat. Nos évolutions économiques et financières ont tendance à avantager à présent l'indépendance, réelle ou factice. Les obligations sociales et les droits sociaux, les conditions de travail et la sécurité sociale se concentrent sur cette dichotomie traditionnelle et nous sommes tous embrigadés par elle, avec ou sans notre consentement. Quel que soit le statut professionnel, se battre pour plus d'autonomie, moins de subordination, est une exigence de respiration individuelle pour une avancée collective.[3] Comment, dès lors, ne pas insister sur le fait que beaucoup de la qualité de vie va se jouer au-delà des catégorisations sociales traditionnelles ?

L'homme n'a d'yeux que pour les cathédrales
Et elles n'ont dieu que pour l'éternité

---

1 Voir F. PAROT, "Mais pourquoi ces enfants ne tiennent-ils plus en place ? ", dans ce livre, p.97.

2 "Et pourtant le vrai repos de l'homme n'est pas une agitation qui ressemble vite à des travaux forcés. Avons-nous su le trouver en nous ? Nous l'avons cherché dans un anéantissement du temps, dans un rythme saccadé. Est-ce la paix ? Ne la découvrirons-nous pas plutôt dans cette retraite intérieure, dans ce loisir qui sont, comme l'a dit Bonnard, "la permission d'être soi-même ?" Personne ne supporte plus la solitude, ni le sur-place. Le sur-place nous donne un échauffement dont la vitesse est la purge. Si, comme écrit Buffon, "la vitesse d'un animal n'est que l'effet de sa force employée contre sa pesanteur", il semble que toutes les forces des hommes soient aujourd'hui employées à vaincre ce fardeau. Pourquoi ? – C'est un des aspects de cette peur de mourir, erreur matérialiste du monde occidental, par quoi, peut-être, il périra. Tandis que les médecins veulent allonger la vie, les hommes veulent l'élargir en y faisant tenir de plus en plus de choses : vivre vite, c'est duper le sort, c'est vivre plusieurs fois ; les gens réagissent ainsi : puisque la mort c'est l'immobilité, le mouvement c'est la vie, d'où beaucoup concluent que la grande vitesse, c'est la grande vie." P. MORAND, *Eloge du repos*, Paris, Arléa, 1996, p.115-116.

3 La liberté est aussi "un déterminant essentiel d'évaluation de l'initiative individuelle et de l'effectivité sociale. Plus de liberté signifie une plus grande faculté, pour les individus, de s'aider eux-mêmes et d'influencer le monde." A. SEN, *op. cit.*, p.28.

Il est remarquable que des citoyens dans notre société exigent, depuis des années, la sauvegarde de l'environnement humain, d'une alimentation saine, mais également d'un travail de qualité, décent, respectueux de notre soif d'un présent équilibré, d'un avenir moins confisqué par des promesses creuses, des réalisations à courte vue, des consommations risquées, des perspectives en trompe-l'œil.

Quel espoir de "paradis" pourrait envelopper la conscience et l'inconscient collectifs, dans un élan suffisamment puissant pour mobiliser les énergies autour de la réalisation d'un projet commun, ou largement partagé, en raison de son sens ? Voilà une interrogation, elle est collective. Parallèlement s'en pose une autre, tout aussi passionnante, enthousiasmante, individuelle. Comment inscrire son être dans ces processus qui l'impliquent et le dépassent ? Chacun de nous dispose de cette fulgurance qui lui entrouvre sa propre connaissance de soi, et aussi de cette pertinence qui fait opter, à un moment donné, pour des actes – par exemple professionnels – assurant une certaine reconnaissance de soi : si je me connais, je souhaite poser des actes dans lesquels je me reconnaîtrai…

De cette adéquation entre l'être et le faire, ne peut que sourdre, ou surgir, plus de respect de soi, donc la compréhension de ce que le respect de l'autre y est intimement lié puisque cet autre suit, probablement, une démarche identique ou comparable. L'épanouissement de l'être humain n'est pas limité à un savoir-faire, mais s'étend aussi à un savoir-être avec soi-même et avec les autres. C'est-à-dire à connaître et tenter de réaliser son propre choix compte tenu d'éléments extérieurs prévisibles et imprévisibles.

De ces liens qui tissent subjectivité et objectifs personnels découle une forme d'action possible. Non pas celle qui consisterait à pouvoir (miracle !) satisfaire les demandes diversifiées de tout le monde, mais plutôt celle qui veillerait à donner à chacun la possibilité de développer ses facultés et celles d'autrui.

Aujourd'hui est déjà le terrain d'élection de cet état d'esprit, et de notre continuelle quête de bien-être, laquelle nous pousse à trouver comment faire d'un "inconvénient" – celui que nous éprouvons parfois dans la vie – un "avantage", celui de jouir de la vie…

La mer,
ce ciel aux remous laqués
qu'embrassent les falaises,
mouille le désert,
caresse ses peaux de pierre,
l'abandonne, un instant, brûlant,
plus que le rayon du soleil
délaissé par le vent,
pour le reprendre encore
de sa vague suivante

La souffrance des professionnels n'existe pas

Jean-Michel LONGNEAUX, philosophe

Travailler à en devenir malade

Devenir enseignant, médecin, infirmière, éducateur ou psychologue, et travailler enfin : même si les employeurs constatent que c'est de moins en moins le cas aujourd'hui [1], les jeunes recrues rentrent dans la profession avec un enthousiasme certain, ou à tout le moins un certain enthousiasme. Le premier emploi reste en effet, pour la plupart, un cap important dans la vie. C'est le bonheur de pouvoir vivre du métier que l'on a choisi, vivre de ce que l'on aime faire. De nouvelles portes s'ouvrent, on est enfin reconnu pour ses compétences – même si elles restent à prouver –, on s'attend à rencontrer des collègues intéressants, à initier de nouveaux projets pour améliorer les choses et surtout, on se réjouit de pouvoir rencontrer des enfants ou des adultes "pour du vrai", sans cette étiquette d'élève-stagiaire. L'enthousiasme s'accompagne d'un dévouement à toute épreuve. On accepte des horaires inconfortables, des réunions supplémentaires, certaines corvées... On se montre responsable, courageux, dévoué et en un mot, indispensable.

Quelle que soit l'entrée en matière – certains nouveaux étant d'emblée bien plus pragmatiques... –, tous seront, tôt ou tard, confrontés à un certain essoufflement, plus ou moins durable selon les cas. C'est que la réalité du terrain ne répond jamais aux attentes du début. Certes, il y a des moments heureux. Mais la tâche se révèle plus éprouvante que prévu. La pénurie de personnel, la répétition des mêmes gestes, l'incertitude ou la précarité de l'emploi, le stress, le manque de soutien, les enjeux de pouvoir, la bêtise ou la méchanceté de certains supérieurs ou collègues, les malades qui se considèrent (à juste titre) au centre du monde, les clients qui s'estiment en priorité sur la liste, les contraintes institutionnelles ou légales, les situations révoltantes qu'on est impuissant à changer, les ordres qui heurtent notre conscience, mais auxquels on n'ose s'opposer, les projets qui n'aboutissent pas... en tout cas pas comme on l'avait imaginé, la vie privée aussi, pas toujours facile, et qui déteint immanquablement sur le travail... Tout cela, à chaque fois qu'on y est confronté, use peu à peu. Et expose à la souffrance.

1 Travailler est de moins en moins un sacerdoce : les nouvelles générations de travailleurs entendent clairement préserver leur vie privée. Le travail est d'emblée au service de celle-ci.

Une maladie aux multiples symptômes

Il est vrai que les professionnels ne sont pas tous égaux en la matière : certains survolent les difficultés avec plus d'aisance que d'autres. De même, chacun extériorise cette usure à sa façon. Il y a tout d'abord le repli sur soi qui tend au désinvestissement. On essaie de cette manière de se protéger : on revoit ses ambitions à la baisse – par réalisme, dira-t-on –, on se surprend à penser davantage à soi, à ses horaires, à ses revenus, à sa carrière. Mais le travail continue à perdre de plus en plus de son intérêt. L'énergie n'est plus là. On constate alors qu'on ne vient plus travailler que par routine, uniquement parce qu'il faut bien gagner sa vie – on a des enfants, un prêt hypothécaire, la voiture à payer, etc. Dans le fond, on a de la chance d'avoir un boulot. Et de toute façon, on ne sait rien faire d'autre... La dépression ou le *burn out* (pouvant aller jusqu'au suicide) sont aujourd'hui les symptômes "à la mode" de ce désenchantement progressif.

Plutôt que de se replier sur soi et de désinvestir peu à peu son travail, certains vont fuir la souffrance éprouvée soit en la cachant aux autres, soit en anesthésiant leur propre ressenti et en devenant ainsi insensibles à tout ce qui arrive (se mentir à soi-même pour mieux mentir aux autres), soit en se jetant à corps perdu dans la suroccupation : pressés de toute part, ils n'ont plus le temps de penser à leur mal-être. D'autres encore tentent de se distraire en participant à des formations, notamment à la communication, à l'écoute, à l'éthique, etc. Si la plupart n'y trouvent finalement que de beaux principes autant théoriques que stériles, impuissants à restaurer l'innocence des débuts, au moins ces temps de formation permettent de sortir de sa classe, de son service ou de son quartier et de se changer les idées pendant les heures de travail. Certains optent pour une réorientation : l'herbe est toujours plus verte dans le pré d'à côté. On se spécialise, on change de job ou l'on vise des promotions. Certains s'en sortent de cette façon, en se jetant tête baissée dans une course sans fin au pouvoir (le pouvoir appelant toujours plus de pouvoir). La zone d'influence qu'ils acquièrent les distrait de leur vide intérieur. Mais ce pouvoir suscite des jalousies, parfois de la haine qu'il est difficile de supporter. Autre attitude de fuite : la prise d'alcool, de drogue ou de certains médicaments tels des antidépresseurs.

D'autres professionnels par contre ne peuvent s'empêcher d'extérioriser leur souffrance dans des comportements violents ou agressifs : c'est le cas du supérieur qui explose à la moindre contrariété et qui ne peut s'empêcher de faire payer un subalterne, c'est aussi le cas de l'enseignant ou de l'éducateur excédé par les contrariétés rencontrées, qui se défoulera sur le jeune ou ses parents... Mais cette violence peut être plus discrète dans la mesure où elle s'exprime en différé. Ce sont par exemple le conjoint ou les enfants qui en sont les victimes, ou encore le professionnel qui se prend lui-même pour cible en retournant contre lui cette colère accumulée : il se culpabilise, il se rend malade, parfois gravement, il a, comme par hasard, un accident de voiture, etc.

Si l'on faisait une radiographie des états d'âme du corps enseignant d'une école, d'un service hospitalier, d'une équipe d'ouvriers, de vendeurs, d'éducateurs ou de psychologues à un moment donné, on constaterait que ces groupes ne sont jamais constitués d'individus libres de tout souci, et donc entièrement disponibles, rationnels, forcément bienveillants, motivés par le bien de l'autre, etc. Si, à certains moments de leur vie, tous s'en approchent, à d'autres moments beaucoup[1] se révèlent en souffrance à des degrés variables, et donc empêtrés dans plus ou moins de révolte, de fuite ou de dépression. Certains viennent au travail par vocation, d'autres pour régler un problème personnel, pour toucher leur mois, pour le prestige social qu'ils accordent à leur profession ou pour échapper à une vie privée morne ou infernale, d'autres encore pour y retrouver leur maîtresse ou amant, etc.

La souffrance des professionnels est-elle un problème médical, psychologique ou institutionnel ?

Quand on essaie de comprendre cette souffrance qui traverse le monde des professionnels, on en attribue spontanément la cause à des circonstances extérieures : des effectifs en sous-nombre, un chef ou un directeur insupportable, un salaire insuffisant, des horaires mal organisés, des contraintes institutionnelles ou légales trop pesantes, la grossièreté ou violence du public, une maladie qui couve, etc. On est persuadé que si ces problèmes concrets étaient réglés, tout rentrerait dans l'ordre, tout redeviendrait comme avant : le travail serait un vrai bonheur. En attendant, puisque ce n'est pas le cas, on gardera la conviction que décidément, le secteur va mal, que l'institution est "pourrie", et que tout cela est bien injuste (puisque les choses pourraient être autres). Or, ce genre de conviction repose sur un présupposé que l'on ne pense jamais à interroger : à chaque souffrance devrait correspondre une cause précise, et à chaque cause, une technique de résolution. C'est dans cette optique qu'on passera un examen médical, ou qu'on participera à des groupes de parole, ou encore qu'on ira consulter un psy ou le syndicat : à chacun sa technique. Il est vrai que bien des problèmes trouvent une solution grâce à des aménagements concrets, et il serait sot de s'en priver. Tout ce qui peut être amélioré doit l'être. Mais il serait également sot de croire qu'en agissant de la sorte, on mettra un terme à la souffrance des professionnels. Car, premièrement, avec le recul on constate que toute solution est par définition ambivalente : elle permet de résoudre un problème, mais en engendre aussi de nouveaux (nous évoquions les séminaires qui peuvent être l'occasion d'une véritable formation, mais qui deviennent parfois un prétexte

1 A notre connaissance, les études manquent qui tentent d'évaluer le pourcentage du personnel touché par cette souffrance au travail, en tenant compte de tous les symptômes au lieu d'en privilégier l'un ou l'autre comme par exemple la dépression ou le stress. Il n'empêche, on peut faire l'hypothèse que tout le monde passe par des moments de souffrance au cours de sa carrière.

pour fuir son travail et se distraire). Et deuxièmement, parce qu'en dernier ressort, la souffrance des professionnels obéit à d'autres lois.

Pour le dire en un mot, elle n'est pas simplement un problème à résoudre. Imaginons une entreprise sortie des studios Walt Disney : l'argent coule à flot, les horaires conviennent à tous, les jeunes et leurs parents, les malades, les vieux, les clients qui sont tous beaux, intelligents et gentils, sont contents, les collègues et la hiérarchie sont animés par l'amour du prochain... et l'on est ce prochain. Même dans ce cas, personne n'échappera à la souffrance dont nous parlons. Pour le comprendre, il faut pouvoir accomplir une conversion du regard contre-nature : cesser provisoirement de chercher dans le monde le coupable et la solution. Car en concentrant ainsi son attention en dehors de soi, en se laissant distraire par les circonstances extérieures, en cherchant trop rapidement dans le monde, chez les autres ou dans des livres des stratégies pour faire taire notre souffrance, on se rend aveugle à ce qui se passe en nous. C'est même parfois le but recherché : accuser les autres, une maladie, l'organisation du travail ou l'économie pour éviter de se confronter à soi-même. En un mot, réduire la souffrance à un problème technique, c'est fuir. La souffrance des professionnels n'est pas qu'un problème médical, psychologique ou institutionnel.

La vie secrète des professionnels

Une fois que l'on se penche sur son vécu, on peut poser cette question toute simple : pourquoi les difficultés rencontrées nous touchent-elles à ce point ? Après tout, existe-t-il une institution scolaire, une entreprise, un service de psychologues ou d'éducateurs, un hôpital, une entreprise qui échappe aux enjeux de pouvoir ? N'est-il pas inévitable que parmi toutes les personnes que nous fréquentons, il y en ait quelques-unes qui nous insupportent et que parmi toutes les situations que nous vivons, il y en ait qui nous dépassent... ? Toutes ces frustrations sont bien réelles et il ne s'agit pas pour nous d'en minimiser l'impact. Simplement, considérées d'un point de vue strictement objectif, elles sont tellement courantes et inévitables qu'on peut s'étonner qu'elles nous usent à ce point. Que touchent-elles en nous qui explique que nous en souffrons tant ? Rien d'autre que l'essentiel qui nous fait vivre, à savoir, pour le dire en un mot, notre recherche du bonheur.

Toute notre vie – professionnelle et privée – est en effet animée par ce seul désir d'être heureux. Ce désir est à la fois ce qu'il y a de plus intime en nous et de plus universel. Dans la mesure où la conception du bonheur change d'un individu à l'autre, on se gardera bien d'en proposer une définition qui vaudrait pour tous. Mais dans la mesure où tout être humain est porté par cette force, on peut en préciser les contours formels. Pour tous, la recherche du bonheur vise l'accomplissement de trois désirs entremêlés (que chacun réalisera à sa façon).

Tout d'abord, il y a le désir de toute-puissance. Il ne faut pas y voir en priorité le désir d'écraser les autres ou de dominer le monde. Le désir de toute-puissance qui nous porte doit plutôt se comprendre comme le désir d'être à la hauteur de ce que nous pensons devoir être : être un bon professionnel, compétent, pouvant faire face à toutes les demandes et résoudre toutes les difficultés, pouvant faire le bien autour de lui. Etre suffisamment fort ou intelligent ou courageux pour rendre les autres heureux, pour réussir sa vie, pour faire face aux aléas en restant maître de sa destinée. Etre capable également de tout supporter dans la vie, avec sang froid ; montrer qu'on peut se contrôler en toute circonstance. Etre capable de recommencer sa vie à zéro… comme si tous les possibles restaient à notre disposition en permanence et surtout comme s'il ne tenait qu'à nous de les réaliser. La toute-puissance prend encore la forme de l'innocence : être et rester irréprochable dans tout ce que l'on fait. Dès que nous sommes pris en défaut, n'avons-nous pas le réflexe, en effet, d'accuser un autre ou de trouver une excuse, pour précisément préserver cette part d'innocence à laquelle nous nous identifions ? Dans tous les cas, il s'agit de se sentir en harmonie avec soi-même. L'enjeu est capital : si nous ne sommes pas tout-puissants, sommes-nous encore aimables ? Peut-on encore nous faire confiance ?

Deuxième désir à accomplir pour être heureux, celui qui consiste à être reconnu par les autres, en tout cas par ceux qui nous importent. Se sentir aimé, rejoint, soutenu par ceux qui nous sont proches, ceux en lesquels on croit se reconnaître. Peut-on en effet être heureux si l'on fournit des efforts démesurés, mais que l'on est détesté par l'équipe dans laquelle on s'investit ou par les personnes pour qui on travaille ? Par extension, ce désir de reconnaissance est celui de vivre avec d'autres sur un mode évidemment épanouissant. Si l'on essaie de préciser ce que l'on entend par là, on doit distinguer deux modes de relation. C'est, d'une part, faire de l'autre une personne qui compte pour nous, qu'on intègre dans notre monde, dans notre vie ; on aura ainsi la conviction de le comprendre et de savoir ce qu'est son bien (et de le savoir parfois mieux que lui). C'est, d'autre part, avoir tendance à se comprendre à partir de l'autre, à partir de ses attentes supposées, de telle sorte que nous puissions faire le bien qu'il attend de nous. Bref, toute notre vie se déploie sur ce fond de relations à double sens : on comprend les autres à partir de soi et on se comprend à partir d'eux. C'est ce qui permet une réelle connivence, et nous persuade de pouvoir réellement rejoindre l'autre dans son vécu, et de partager ainsi sa souffrance ou ses moments de joie. Le bonheur passe par ces moments privilégiés.

Dernier désir qui nous porte : celui de jouir effectivement du bonheur tant convoité. Derrière ce désir se cache la conviction que celui-ci nous est dû. De fait, si l'on ne peut être heureux en ce bas monde, à quoi bon vivre ? Dans le même ordre d'idée, il nous est dû de nous épanouir dans notre métier, d'être remercié pour nos efforts, ou, plus humblement, de voir nos efforts aboutir.

Devant un échec, les expressions “c'est la faute à pas de chance !”, “ce qui arrive est vraiment trop injuste !”, etc. n'ont de sens qu'au regard de cette conviction secrète qu'il nous était dû que les choses se passent autrement. Et à l'inverse, quand le bonheur fond sur nous, nous en jouissons comme si c'était la juste récompense du travail fourni, comme si, en définitive, l'ordre du monde était (enfin) respecté.

Touchés en plein cœur

Vivre comme si tout était possible, vouloir être à la hauteur de nos ambitions, se sentir de connivence avec les personnes que nous apprécions, croire en définitive que le bonheur nous est dû, surtout si nous faisons tout pour l'atteindre, voilà les désirs fondamentaux qui nous portent à travers toutes nos entreprises. Voilà pourtant ce que la réalité du terrain vient réduire à néant pour en révéler du même coup la véritable nature : des désirs qui relèvent de notre imaginaire, des désirs infantiles qui ne sont rien d'autre que des idéaux – ou de doux rêves – que l'on avait tendance, trop rapidement, à prendre pour la réalité elle-même. L'expérience nous confronte à une vie bien différente. Du coup, deux possibilités s'offrent à nous. Soit on s'accroche à nos rêves, on veut continuer à y croire, on se persuade que la vie n'a de sens qu'aux conditions qu'on lui impose (pouvoir faire le bien qu'on désire, rendre les autres heureux, être soi-même heureux), de telle sorte qu'on se met de plus en plus en décalage par rapport à la vie réelle que pourtant l'on doit bien assumer. C'est cette attitude qui, en nous imposant de faire le grand écart, entraîne les souffrances dont nous parlions, qu'il s'agisse de la dépression, de la fuite ou de la violence. Dans ces trois cas, on tente de préserver, envers et contre tout, ce qui nous est le plus précieux : nos illusions. Comment ne pas souffrir lorsqu'on cherche ainsi à être ce que l'on n'est pas, et à vivre une vie qui n'existe pas ? Un sentiment de fond nous envahira progressivement, celui de la haine à l'égard de cette vie si mal faite, injuste, absurde, cette vie qui n'est pas ce qu'elle aurait dû être, ou plutôt, qui n'est pas ce que nous aurions voulu qu'elle soit. Certains – les plus dangereux, parce qu'animés par cette haine – partiront en croisade pour changer la société, les autres, les rendre plus "humains", c'est-à-dire les plier à leurs désirs. Comment ignorer, cependant, la profonde souffrance que cache au fond d'elle-même cette attitude ? Et le désespoir auquel elle condamne en constatant que, malgré tous ces efforts pourtant parfois couronnés de succès, la société continue à tourner de la même façon. Décidément, la vie est vraiment trop injuste.

Il est toutefois une autre voie possible. Celui qui voit ses rêves se briser contre la réalité comme une vague contre un rocher peut faire le deuil de son imaginaire, de ses rêves, de ses attentes infantiles. Encore faut-il comprendre ce que l'on entend par là. Il ne s'agit pas de cesser de rêver, car rêver est une fonction vitale pour l'être humain.

Accepter ce monde comme il va, parce qu'il n'y en a pas d'autre où nous puissions vivre pour l'instant, c'est plus modestement apprendre dans un premier temps à ne plus prendre nos rêves pour la réalité, savoir que quand on rêve, on rêve. Sans cela, on ne peut s'ouvrir à la réalité, ni se réconcilier avec ce que nous sommes fondamentalement. Mais il est vrai que cette voie n'est guère aisée.

La part maudite des professionnels

Quelle est cette réalité que le plus souvent nous cherchons à fuir, à laquelle la vie ne cesse pourtant de nous reconduire, et qu'il nous faut bien, en définitive, nous réapproprier ? Elle peut être résumée en trois mots qu'affectionnent les philosophes : nous sommes fondamentalement finitude, solitude et incertitude. L'important est de comprendre ce que cachent ces concepts.

La finitude désigne notre non-toute-puissance : l'épuisement, le découragement, la lassitude éprouvés au travail suffisent déjà à révéler comme simple idéal notre désir de toute-puissance. Manifestement, nous n'arrivons pas à être chaque jour à la hauteur de nos ambitions, nous n'arrivons pas, non plus, à tout supporter, à tout endurer d'une âme égale. Les lâchetés, les petits mensonges, le travail bâclé ou expédié, les mauvaises décisions, les tentations sont autant d'expériences auxquelles nul n'échappe, et qui réduisent à néant notre désir d'innocence. On n'est pas fort assez pour ne faire que le bien. Comme le notait d'ailleurs le philosophe J. Nabert, même si nous ne faisions jamais que le bien, à notre grand étonnement nous resterions avec cette impression de n'en avoir pas encore fait assez. Peut-être aurions-nous dû ou pu agir autrement ? La non-toute-puissance s'atteste encore dans notre soumission à l'irréversibilité du temps : on en fait déjà l'expérience, banalement, en constatant que le temps passant inexorablement, qu'on perd à tout jamais des possibilités ou des occasions : en se destinant à telle profession, on se ferme inévitablement des portes… et il serait illusoire de croire qu'il suffirait d'un peu de courage ou d'audace pour faire marche arrière. On ne fait jamais marche arrière. On pourrait multiplier à l'infini les situations où il nous est donné de nous confronter à notre fondamentale impuissance. Mais l'on comprend que plus on exige de soi d'être tout-puissant sous une forme ou sous une autre, plus on ne peut que souffrir de n'être que ce que ce que l'on est. L'idéal de soi fait sans doute rêver, mais il fait surtout souffrir.

La réalité nous confronte également à notre solitude. On ne vise pas ici le fait que nous puissions être isolés, mais, plus fondamentalement, le fait que, même au milieu d'autres, nous restions seuls à être ce que nous sommes. Ou pour le dire différemment, que l'autre est seul à être et à vivre ce qu'il vit : aucun art de la communication ne nous permettra de le rejoindre dans son vécu. Nous cherchons à nous rendre proche, mais, malgré nos échanges et la complicité qui parfois s'installe, l'essentiel nous échappe, à savoir cette vie intérieure en laquelle l'autre se tient tout entier. C'est ce que l'on découvre dans la souffrance au travail.

Quand bien même nous serions plusieurs à souffrir de la sorte, et à échanger sur ce thème dans des groupes de parole, il n'en reste pas moins vrai que nous sommes chacun seul à porter notre souffrance. Personne ne peut nous rejoindre là où ça souffre en nous. On ne réussit tout au plus qu'à échanger des mots – et ce n'est déjà pas si mal – tandis que nous restons seuls à porter notre mal-être. Cette solitude qui nous confronte à un autre qui nous échappe, nous en faisons encore l'épreuve dans toutes ces expériences banales comme les trahisons ou mensonges des collègues ou des personnes qu'on prétend aider, leur incompréhension, la différence de point de vue, en particulier au niveau des valeurs, ainsi que les heureuses surprises qu'ils nous réservent. Les autres ne se réduisent pas à ce que nous en ressentons, et notre vie ne s'épuise pas dans ce que les autres attendent de nous. Ce fossé abyssal qui sépare tout être humain s'atteste en particulier dans la mort de l'autre. La mort de l'autre ne provoque pas notre solitude. C'est l'inverse qu'il faut dire : c'est parce que nous sommes chacun seul que l'autre peut mourir sans nous emporter avec lui. La mort est en effet le signe que l'autre ne nous a jamais appartenu, et que, quelle que soit la relation, nous sommes toujours restés deux êtres distincts, sans confusion possible. Plus on cherche à fuir notre solitude, plus on souffre.

Enfin, la souffrance du professionnel ne confirme-t-elle pas que rien ne nous est dû dans la vie ? On peut bien vouloir s'épanouir au travail, avoir les meilleures intentions du monde, se montrer dévoué et aimer son métier au point d'en faire une vocation et de tout lui sacrifier, jusqu'à sa vie privée, le bonheur n'est pas nécessairement au rendez-vous. Manifestement, la vie ne se plie pas à notre attente selon laquelle tout effort mérite récompense, selon laquelle aussi le juste sera nécessairement récompensé. Bref, inévitablement, on découvre sur le terrain cette vérité que pourtant nous portons en nous depuis notre naissance, à savoir que la vie ne veut pas notre bonheur, elle veut la vie. Et vouloir la vie, cela veut dire : vouloir la vie telle qu'elle est, comme ce qui inclut, à côté des moments de bonheur, la souffrance, la douleur, la mort.

Devenir un sage superstar ?

Comment lutter contre la souffrance des professionnels ? Dans la mesure où ce sont nos attentes, nos rêves, nos idéaux pris pour la réalité qui nous font souffrir, il n'y a pas d'autre voie que de s'en libérer. Il est vrai, cependant, que ce processus ne va pas de soi. Trois difficultés méritent d'être soulevées.

Premièrement, il semble un peu facile d'affirmer qu'il suffit de se déprendre de ses idéaux. Comment s'y prendre concrètement ? Il faut bien en convenir, il n'y a pas de recettes en la matière. Lorsque le réel met en échec nos attentes, nos espoirs les plus chers, nous avons tendance à reculer pour nous réfugier dans le déni, la violence ou la dépression. C'est ce chemin-là qu'il nous faut d'abord accepter d'emprunter. Il n'y en a pas d'autres.

C'est ainsi que l'on épuise nos idéaux, en y croyant jusqu'au bout, envers et contre tout, jusqu'à ce moment où nous sommes à ce point usés que nous pouvons nous abandonner à ce que nous sommes vraiment. Nous voudrions insister : ces comportements de fuite ou d'obstination peuvent sembler n'être, aux yeux d'une personne extérieure, que des détours épuisants, parfois dangereux, et dans tous les cas, inutiles. Pourquoi ne pas se mettre au clair sur ce que l'on est, sur ce qu'est le monde du travail, sur la difficulté du vivre en commun, et l'accepter tout simplement, au lieu de se faire violence, de tomber malade ou de se perdre dans des dépressions qui n'en finissent pas (autant d'attitudes qui témoignent qu'on ne renonce pas à nos rêves) ? Il faut rappeler ici avec force que ce qui nous apparaît comme un détour est en vérité, pour la personne concernée, sa ligne droite. Tout autre chemin proposé (groupe de parole, débat rationnel en éthique, formations, recommandations morales, etc.), qui nous semblerait, à nous, plus direct, et donc plus rapide, écartera la personne de la route qui la reconduit à elle-même. Sans doute, en tant que thérapeute, voire en tant que collègue ou ami, faut-il savoir intervenir, mais ce sera toujours en ayant pris soin, au départ, d'épouser le mouvement adopté par celui que l'on a pris en charge. On pourrait dire, pour filer la métaphore, qu'il faut non pas amener l'autre sur notre autoroute, mais accepter de descendre sur le sentier qu'il emprunte pour l'aider à arriver là où il doit arriver.

A côté de cet accompagnement, épinglons deux autres attitudes qui semblent aider certaines personnes prises dans les difficultés évoquées plus haut. La première est le rappel à l'ordre. Certaines personnes avouent qu'elles ont été sauvées par un collègue ou un supérieur qui au lieu de les laisser se mettre en danger, les ont secouées parfois très énergiquement, en rappelant la réglementation, les limites à ne pas dépasser et les sanctions possibles. Ce rôle autoritaire, pour celui qui l'assume, est peu gratifiant. Mais il se révèle, en certaines circonstances, salutaire. Il le sera d'autant plus si une condition est respectée : l'autorité n'est juste que si elle vise à soumettre l'autre à une loi à laquelle on est soi-même soumis. Faute de quoi, l'autorité devient de l'abus de pouvoir. La deuxième attitude qui peut aider un travailleur en difficulté est l'accompagnement et surtout la mise en paroles. C'est qu'en parlant, on identifie d'une part sa souffrance et en la mettant ainsi en mots, on la met à distance, ce qui permet de moins en souffrir, mais surtout, de pouvoir plus facilement trouver des remèdes. Mais d'autre part, la parole permet de se faire reconnaître par un autre dans ce que l'on endure. Or, oser exister aux yeux d'un autre tel qu'on est est indispensable si l'on veut se réapproprier sa vie, pour ensuite l'améliorer.

Deuxième difficulté. La réalité à laquelle nous avons été reconduits ne nous condamne-t-elle pas à une vision quelque peu pessimiste de la vie : nous ne serions *que* finitude, *que* solitude et *qu'*incertitude ? Il est vrai que, ultimement, nous ne sommes que "cela", d'une façon qui reste à tout jamais indépassable, quoi que nous fassions. Le développement de nos compétences, de même que l'amour des autres n'y changeront rien. Il est vrai que ce constat peut en conduire plus d'un au pessimisme.

Mais pourquoi en est-il ainsi sinon parce que, malgré nous, nous jugeons encore notre condition humaine au regard de nos idéaux ? Celui qui, secrètement, voire à son insu, reste bercé par ce désir de toute-puissance, d'humanité réconciliée, et reste persuadé que quelque chose lui est dû dans la vie, celui-là, de fait, ne peut se résoudre à accepter de n'être *que* ce qu'il est. Celui-là, de fait, trouvera la vie qui est la sienne trop étroite, sans saveur, et pour tout dire irrespirable. Mais celui qui, au contraire, a fait jusqu'au bout le deuil de ses idéaux – c'est-à-dire, comme on l'a expliqué, n'a pas renoncé à rêver (ce qui serait mortel), mais a cessé de prendre ses rêves pour la réalité (car prendre ses rêves pour la réalité est tout aussi mortel) –, celui-là se réapproprie ce qu'il est, en étant libéré de tout jugement : le pessimisme ou l'optimisme n'ont plus ici leur place. Il ne reste qu'un acquiescement à la vie.[1] Et du même coup, ce qui semblait si "pessimiste" devient appel à la mobilisation. En effet, si rien ne nous est dû, à commencer par le bonheur, alors, si nous voulons malgré tout être heureux, nous voilà appelés à agir. Il n'y a pas d'autre solution. Et on y aura gagné deux choses. D'une part, on agira sans fausses espérances, avec un certain détachement par conséquent. Et d'autre part, on agira en sachant que si le bonheur survient au terme de nos efforts, ce ne sera plus comme une récompense méritée, mais comme une grâce qui vient par surcroît. Si par ailleurs nous ne sommes pas tout-puissants, alors, si nous agissons, nous voici appelés à la responsabilité. Sachant que nous ne pouvons pas tout, ni tout le bien que nous souhaitons, il nous faut assumer les échecs inévitables, les erreurs commises sans plus y voir une objection à nos entreprises. La responsabilité assumée du fait de cette non-toute-puissance fait la grandeur de l'homme. Enfin, si nous sommes solitude, et si nous l'acceptons, il apparaîtra alors que celle-ci n'est pas ce qui nous éloigne des autres, mais est au contraire la condition de possibilité de relations authentiques. En effet, tant que nous redoutons notre solitude, toutes nos relations avec les autres sont détournées pour ne servir qu'un seul intérêt : nous rassurer, nous convaincre que nous sommes aimables, etc. Quand donc sommes-nous vraiment avec les autres, quand donc pouvons-nous seulement les entendre, si nous sommes en permanence encombrés par la peur de notre solitude ? Ce n'est qu'une fois celle-ci apprivoisée qu'on est enfin libre et disponible pour autrui, sans d'emblée l'enfermer dans nos attentes inavouées.

Dernière difficulté. Y a-t-il moyen de se réconcilier avec soi-même, avec sa finitude, sa solitude, et son incertitude ? Il est indéniable que l'on peut progresser sur ce

1 "Souvent, au cours de mes conférences, des auditeurs me demandent si je suis optimiste pour l'avenir ? Je leur réponds que je ne suis ni optimiste, ni pessimiste, mais surtout mobilisé", A. JACQUARD, "Lucidité ou utopie ? ", dans ce livre, p.90.

chemin qui nous reconduit à nous-mêmes. Mais il faut rappeler en même temps qu'il nous est impossible d'arriver au bout de ce chemin. Il n'y a jamais de réconciliation définitive avec soi-même. Celui qui prétendrait être en accord parfait avec lui-même, ayant réussi à cicatriser toutes les blessures de sa vie, celui-là, en vérité, succomberait une dernière fois à la tentation de la toute-puissance. C'est parce que nous sommes marqués, d'une façon irréversible, par la non-toute-puissance, qu'aucun être humain ne parviendra jamais à se réconcilier définitivement avec lui-même.

Il nous est donné de vivre une vie qui, de la naissance à la mort, restera en tension entre des idéaux qui ne cessent de nous hanter, et la réalité qui ne cesse de se rappeler à nous. On ne devient donc pas une sorte de sage hors du commun, qui se contenterait de peu et aurait le pouvoir de tout supporter[1]. Affirmer la vie en s'y abandonnant, c'est au contraire commencer par accepter nos limites, nos faiblesses, accepter que la vie en nous ne peut tout et n'a pas la force de tout souffrir. C'est donc non point la sérénité que nous rejoignons, mais notre être en tant qu'il "laisse à désirer". Cette expression doit s'entendre en deux sens : d'une part, en tant que vie qui reste insatisfaisante (il est des épreuves traversées dont on ne souffre plus vraiment – en cela, il y a progrès – mais qui sont toujours l'occasion d'un petit pincement au cœur, ou d'un remords, lorsqu'on y songe – comme quoi on n'est toujours pas entièrement réconcilié avec soi-même) et d'autre part en tant que vie qui laisse ouvert le désir, qui le relance en permanence, ce qui est précisément le moteur de l'existence.

Conclusion : la souffrance des professionnels n'existe pas

Pourquoi affirmer que la souffrance des travailleurs n'existe pas, alors que de toute évidence, nous n'avons parlé que d'elle. Parce qu'en dernier ressort, cette fameuse souffrance des travailleurs est davantage liée à notre condition humaine, plutôt qu'à une profession. Et notre condition humaine n'est pas quelque chose qui puisse se soigner. Du jour de notre naissance à celui de notre mort, nous sommes et nous resterons inévitablement déchirés entre nos idéaux et une réalité qui n'est jamais à leur hauteur. Ce que l'on appelle la souffrance du travailleur n'est rien d'autre que la mise en scène de notre condition dans un univers particulier, celui de la vie professionnelle. Le paysan, l'avocat ou le maçon sont chacun confrontés aux mêmes souffrances. Et tous le sont encore lorsqu'ils ont déposé leur tablier ou leur mallette, et qu'ils retrouvent leurs enfants et/ou leur conjoint. Là aussi, dans la vie privée, les mêmes difficultés surgissent.

1 Il faut ici dénoncer, sans équivoque possible, la récupération occidentale des doctrines orientales qui prônent une réconciliation avec soi-même, une vie en harmonie avec soi-même (soyez zen !). L'être humain reste et restera (c'est sa nature) un être de tension.

Quel que soit l'endroit où ils se trouvent, tous rêvent de toute-puissance au sens où on l'a vu, tous cherchent la reconnaissance de leur proche, tous croient que le bonheur leur est dû. Tous découvrent peu à peu, là où ils sont, que tout cela n'est que rêve. Simplement, chaque milieu de vie étant spécifique, cette souffrance sera mise en scène d'une façon chaque fois particulière.

C'est précisément parce que cette souffrance est en réalité la souffrance de notre condition humaine – envisagée ici dans le milieu certes spécifique de la vie professionnelle – qu'elle ne peut être ni ignorée, ni minimisée, ni malmenée.

Elle concerne chacun au plus intime de lui-même : non point ce qu'il est en tant que travailleur, mais ce qu'il est en tant qu'être humain. Mais c'est pour cette même raison que l'on doit dénoncer ceux qui parlent de la souffrance des professionnels comme si elle était une réalité en soi. Car en faisant d'une souffrance liée à la condition humaine la souffrance d'une profession, on la réduit à un problème institutionnel, syndical ou médical, peu importe. Elle n'est plus qu'un problème technique qui peut et doit trouver une solution. Les escrocs peuvent alors défiler – experts de tout poil, psychologues, superviseurs, spécialistes de la communication, politiciens qui tous entretiennent l'illusion selon laquelle le travailleur doit rester ou redevenir un être tout-puissant, qui mérite bonheur et reconnaissance. Il y parviendra grâce à une nouvelle organisation, ou un salaire plus élevé, ou une ambiance de travail chaleureuse, ou l'acquisition de techniques de communication non violente, etc. Chacun ira ainsi de désillusion en désespoir, et de désespoir en désillusion. Ce n'est pas parce que la souffrance est un problème à résoudre que du coup il existe des techniciens de la souffrance. C'est l'inverse qu'il faut dire. C'est parce qu'il existe des techniciens de la souffrance que du coup on est persuadé que la souffrance n'est qu'un problème qui attend sa solution. En d'autres termes, il faut l'avouer, ces spécialistes font partie du problème plus qu'ils ne le résolvent. Cependant, on doit aussi admettre que, l'escroquerie une fois dénoncée, la psychologie et même le syndicalisme restent des discours qui permettent à la souffrance éprouvée de se dire, de s'élaborer, ce qui est déjà beaucoup.

On ne déduira pas de ce qui précède qu'on peut se garder d'améliorer tout ce qui, dans une institution ou une équipe doit l'être : horaire, convivialité, salaire, objectifs clairs, etc. Car en améliorant ainsi les conditions de travail, en développant ses compétences, on joue concrètement le jeu de la vie : ne jamais se résigner, faire tout ce qui est en notre pouvoir pour lutter contre toutes formes de souffrances. Simplement, on n'attendra plus de telles améliorations qu'elles nous sauvent de nous-mêmes. Rien ne peut rivaliser, en effet, avec la vie qui nous porte, et qui a pour caractéristique de ne rien nous promettre. Celui qui veut se donner une chance d'être heureux ou de rendre les autres heureux y verra non pas le signe d'un destin funeste, mais une invitation, qui lui est personnellement destinée, d'agir. Maintenant.

Que les non-quelque chose lèvent le doigt

Myriam TONUS, chroniqueuse.

Les non-voyants, les non-violents, les pays non alignés et les autres "sans" subissent la condescendance des "avec", étalons de la normalité et de la valeur. Tiens, que vaut le non-marchand ?

Devinette. Qu'est-ce qu'une non-femme, non mariée, qui travaille dans le secteur non éducatif ? Celui (ou celle) qui ose suggérer qu'il s'agit d'une féministe vieille fille chanteuse de rock a tout faux. C'est tout bonnement un homme célibataire qui exerce ses activités dans l'industrie ou la finance, par exemple. J'entends d'ici les exclamations indignées. Quoi ! Être désigné "par défaut" et – pire ! – insinuer que l'aune de la normalité de l'existence serait constituée des femmes, du mariage et du secteur éducatif ! Cela pourrait, à la rigueur, mettre du baume sur le cœur des épouses enseignantes : St Thomas d'Aquin n'affirmait-il pas que la femme est un "mas abortus", un mâle raté, un avorton ?... Mais foin de ces indignes et basses revanches. Il s'agit de constater, simplement, que les hommes aussi bien que les femmes supportent difficilement d'être appréhendés par ce qu'ils/elles ne sont pas, par leur non-existence, en somme. Seule exception : lorsqu'il s'agit d'être exempté d'un défaut. Être non-buveur ou non-fumeur vous connote positivement – à en juger, du moins, par la récurrence de ces mentions dans les petites annonces matrimoniales. À croire qu'il n'y aurait même que les abstinents pour chercher l'âme sœur ! Ou bien, autre interprétation, qu'ils sont la perle rare au milieu d'une multitude "normalement" accro à la bière et au tabac...

Si le non-sens est l'absence de sens, être "non-quelque chose" vous place, de facto, dans l'exception. Les non-voyants, les malentendants et même les non-violents et les pays non alignés savent, d'expérience, qu'ils sont dans un rapport minoritaire et qu'il leur faudra, pour faire entendre leur voix, compter avec le discours dominant : celui de la norme, qui devient vite celui de l'évidence. Ils savent aussi qu'il leur faudra trop souvent compter avec cette espèce de condescendance mâtinée de vague pitié, que leur dédieront les "avec", ceux du moins qui considèrent comme normal d'être voyant, entendant, agressif et dans le rang.

Ridicule et insupportable prétention ? Voire... Combien d'entre nous interrogent la morgue d'un "marché" qui se pare d'une évidence telle qu'il va jusqu'à reléguer dans le secteur... non-marchand tout ce qui ne présente aucune rentabilité immédiatement visible ? La santé, l'éducation, la culture, l'associatif ? Non-marchand. Tout ce qui tisse, construit, répare l'humain ? Non-marchand. Aucune plus value identifiable. Donc : sympathique certes, nécessaire sans doute, mais aux marges de la page occupée, elle, par les activités qui comptent – au sens propre comme au sens figuré.

C'est vrai qu'il/elles ne vendent rien, ces artistes, enseignant(e)s, infirmier(e)s, éducateurs (-trices), chercheur (-euse) s, défendeurs de cause, tous ces vaillants petits soldats de l'ombre, qui portent au quotidien leur soin, leur sollicitude et leur compétence aux corps, aux intelligences, aux cœurs – c'est-à-dire à ce qui nous fait proprement humains. Étrangers aux cours de la bourse, c'est à peine s'ils méritent un investissement – le plus souvent consenti comme par mesure de générosité, sans réelle conviction. Investir dans l'humain, quel intérêt ? Aucun, sinon qu'il y va sans doute de notre futur à chacune et chacun, et d'une vie meilleure pour l'ensemble des humains. Alors, plutôt que de les désigner par défaut, parce qu'elles ne sont et ne font pas – tourner sur le carrousel du marché – on pourrait peut-être honorer positivement ces activités sans qui le marché lui-même s'effondrerait sûrement (vous imaginez, vous, une florissante société d'analphabètes incultes, en mauvaise santé et dépressifs ?) À quand, par exemple, la reconnaissance d'un secteur V.H.A. – à valeur humaine ajoutée ? On considère bien qu'un nouveau matériel constitue une plus value... Simple jeu de mots ? Coquetterie gratuite ? Tant s'en faut. Les mots en disent toujours plus long qu'eux-mêmes. À force d'épuiser, en douceur, le " non-marchand", c'est la réalité elle-même qui pourrait bien, un jour ou l'autre, s'en trouver radicalement changée.

À force de rogner les marges, le texte finit par envahir toute la page. À ce moment, c'est le non-humain qui commence. On l'appelle l'inhumain.

Je ne suis pas un prophète

Mousta LARGO, musicien et chanteur.

Je ne suis pas un prophète.

Je suis un chanteur, un bateleur, un artiste.

Je n'enseigne rien.

Je crée des spectacles pour les enfants.

Pour les aider à vivre, à rire, à rêver, à penser, à réfléchir…

Pour qu'ils ne croient pas que le monde n'est que le triste spectacle que les adultes ont le culot de leur montrer : la haine entre les peuples, entre les cultures, entre les religions…

Pour qu'ils inventent autre chose : la rencontre, le respect, l'émerveillement de la différence.

Parce que je suis certain que l'éternité ce n'est pas ce que nous avons devant nous.

Ce "paradis" ou cet "enfer", zone promise au Juste ou au Maudit, lieu où l'on se retrouvera pour "trinquer à une victoire" ou pour "trinquer" en punition d'une défaite.

L'éternité, c'est ce que chacun de nous laisse après sa vie. Ce qu'on laisse en cadeau à nos enfants ! Cette éternité, elle commence ici et maintenant.

Le conte oriental que je transcris pour vous, je ne le ferai pas suivre d'un savant commentaire. Vous ferez chacun le chemin qui permet d'en tirer la sagesse.

Il dit en tous cas que le paradis et l'enfer ont déjà commencé… à chacun de choisir.

Un jour, on demanda à un sage de donner sa vision du paradis et de l'enfer.

- En enfer, dit-il, je vois des hommes qui sont attablés devant de grands plats de riz.

Mais… ils meurent de faim, car les baguettes à leur disposition pour se nourrir sont longues de deux mètres !

Ils ne peuvent donc s'en servir pour se nourrir.

- Au paradis, je vois les mêmes hommes assis à la même table et tenant les mêmes baguettes !

Mais ceux-là sont heureux et en bonne santé. Car chacun se sert de ses baguettes pour nourrir celui qui est en face de lui.

Le D.V.D. : les enfants de l'année blanche [1]

Avertissement

Il est de bon ton d'avertir le spectateur que "certaines images" pourraient choquer ou seraient à déconseiller "aux âmes sensibles".

Ce n'est nullement le cas ici.

Par contre, le lecteur, qui, on peut l'espérer, aura retrouvé au fil de ces pages, une étincelle enfouie depuis longtemps sous le fagot sombre de sa vie quotidienne, une petite flamme d'adolescence, la résurgence d'un espoir que la réalité aurait mis peu à peu au rencart, pourrait s'étonner du choix de ce D.V.D. Car il nous ramène à la part la plus sombre de l'homme, au degré zéro de l'humain, au fait divers sordide, au crime le plus ignoble : le viol et le meurtre d'enfants.

Aucun des auteurs de ce livre n'a tenté de peindre la réalité en rose, aucun n'a esquivé la déception du monde, aucun n'a voulu rassurer la marquise en nous promettant le bonheur pour ce soir, une quelconque récompense de la souffrance, la félicité dans une autre vie. Chacun nous a dit, à sa manière, son désarroi, son dégoût, mais aussi, ce qui arrime son désir, ce qui ne le fait pas lâcher prise, ce sur quoi il s'appuie pour construire demain.

Ce D.V.D. ne fait pas exception à la règle.

Face à des enfants qui naturellement (et nous, adultes sommes solidaires) crient vengeance, Jacques Duez et les parents de Julie et Melissa remettent la dignité de l'homme en place de l'innommable. Ils ne confondent pas errements de la justice humaine avec la loi, ne la ramènent pas à celle du talion. A la question posée par les enfants sur la peine de mort, Gino Russo, le père de Melissa, assumant, comme le dit Agnès Lejeune, "ses responsabilités d'humain", remet l'avenir et l'espoir au milieu du village.

Comme Mousta Largo et les auteurs de ce livre, il pose l'éternité à sa vraie place, celle que nous lèguerons aux générations qui nous suivent, les jeunes qui, s'appuyant sur nous, n'auront pas cédé au désespoir et continueront le combat.

Philippe Béague, octobre 2008.

1 Réalisé par Agnès LEJEUNE et Jean-Pierre GROMBEER à partir du travail réalisé par Jacques DUEZ, en partenariat avec le centre culturel de Mons (Directeur Henry CAMARATA) et la télévision locale de Mons (Télé M.B).

La revance du fait divers

Agnès LEJEUNE, réalisatrice.

En septembre 1996, la rentrée scolaire, on s'en souvient, est moins feutrée que d'habitude.

Dans les cours de récré, Sabine et Laetitia, Julie et Melissa, Loubna, Ann et Eefje – pour ne citer qu'elles – font partie désormais de l'univers des enfants : une succession de faits divers auxquels ils vont devoir faire face à leur manière, lorsque les feux de la rampe vont s'éteindre sur l'actualité. Comment auraient-ils pu du reste, passer à côté, puisqu'à travers ces histoires d'enfants martyrisés et mis à mort au fond des caves, ils vont prendre la mesure du mal qui peut leur être fait, à eux tous.

C'est ce que les enfants de l'année blanche vont raconter à leur professeur de morale, dans l'intimité de la classe, avec leurs mots bien à eux, leur intelligence, leur émotion.

S'ils ont pu le dire, et si nous pouvons aujourd'hui les entendre, c'est grâce au travail de Jacques Duez, un instituteur patient et obstiné, qui depuis bientôt trente ans donne des cours de morale dans des écoles communales de la province du Hainaut, en utilisant la vidéo.

Grâce à sa qualité d'écoute, sa capacité d'échange et l'intérêt qu'il témoigne aux enfants, il va penser et structurer avec eux les événements qui touchent à leur intégrité.

Sous la pression de l'actualité, d'autres thèmes vont alors se greffer et se succéder pour constituer un carnet de bord d'un cours de morale d'une année scolaire peu banale :

- Peut-on rendre justice soi-même ?
- Les enfants peuvent-ils ou doivent-ils tout savoir ?
- Qu'est-ce que la pédophilie ?
- Comment peut-on se construire des limites intérieures ?
- De quoi sont faits l'amour, l'homosexualité, l'inceste ?
- Est-il imaginable qu'on prostitue des enfants ?
- Les parents de Julie et Melissa, Loubna aimaient-ils vraiment leurs enfants puisqu'ils ne réclament pas la peine de mort ?

Sans tabou, les enfants vont nous dire que rien ne leur échappe et qu'ils sont directement concernés.

Lorsque fin février 1997, les enfants découvrent le sort réservé à Loubna, leur désir de vengeance est réactivé par les événements et donne raison aux purs et durs qui souhaitaient la mort des assassins d'enfants...

Isolé dans ses classes, désarmé par un tel tir de barrage, l'instituteur éprouve la nécessité de rencontrer les parents des victimes.

Par le jeu d'une correspondance vidéo, les parents de Julie et Melissa finiront par accepter cette improbable rencontre et se prêteront aux questions des enfants : des moments rares et inédits où, un an après le drame, ils prendront le temps d'expliquer aux enfants leur long cheminement depuis ce soir d'été où ils ont perdu leurs petites filles...

Un dernier pas sera encore franchi lorsque les parents accepteront l'invitation des enfants à venir les rencontrer le 3 octobre 1997 dans leur école...

Ce que les enfants ont à nous dire mérite qu'on s'y attarde : ces paroles, ces rencontres avec les parents constituent autant de pistes pour réparer symboliquement les blessures que chacun porte en soi depuis août 1996.

Tout a été dit, rien n'a été dit.

Face à l'énigme du mal, ces échanges nous disent l'exigence de tous les instants pour que le monstre rentre dans la cave, que les enfants vivent leur vie d'enfants, et que les adultes prennent la revanche du fait divers en assumant leurs responsabilités d'humains, tout simplement.

"Il est d'autant plus nécessaire de garder vivant l'Esprit des Lumières. L'âge de la maturité, que les auteurs du passé appelaient de leurs vœux ne semble pas faire partie du destin de l'humanité : celle-ci est condamnée à chercher la vérité plutôt qu'à la posséder. Quand on demandait à Kant si l'on habitait déjà l'époque des lumières, une époque vraiment éclairée, il répondait : non, mais dans une époque en voie d'éclairement".

Telle serait la vocation de notre espèce : recommencer tous les jours ce labeur, tout en sachant qu'il est interminable.

Tzvetan TODOROV, "L'esprit des Lumières".
Ed. R. Laffont, Paris, 2006, Biblio Essais p.142-143.

"La sagesse n'est pas une autre vie, où soudain tout irait bien dans votre couple, dans votre travail, dans la société, mais une autre façon de vivre cette vie-ci, telle quelle est. Il ne s'agit pas d'espérer la sagesse comme une autre vie ; il s'agit d'apprendre à aimer cette vie comme elle est, y compris, j'y insiste, en se donnant les moyens, pour la part qui dépend de nous, de la transformer.

Le réel est à prendre ou à laisser. La sagesse c'est de le prendre."

André COMTE-SPONVILLE, "Le bonheur désespérément",
Collection Lundis Philo, Editions Pleins Jeux, p.99.

"Je plaide pour un bonheur qui n'ignore pas les impasses et l'impossible, et qui, en les connaissant, peut les traverser. Il ne s'agit donc pas d'une naïveté qui brandit des promesses, mais simplement d'une perlaboration de la dépression... Ne pas dénier le mal-être qui blesse jusqu'à la décapitation... et pour penser ces écueils parmi tant d'autres, ne miser que sur la complexité de notre mémoire et l'intransigeance du questionnement personnel qu'il s'agit de transmettre."

Julia KRISTEVA "Au risque de la pensée", L'Aube, p.96-97.

"Celui qui devient Sujet remonte vers lui-même, vers ce qui donne sens à sa vie, ce qui crée sa liberté, sa responsabilité et son espérance."

Alain TOURAINE

Déjà parus chez le même éditeur :

Sous la direction de Philippe Béague

Association Françoise Dolto

Parents, enseignants...
la guerre ouverte ?

Les enfants et les adolescents affichent de plus en plus des attitudes qui révèlent un manque de structuration. Paradoxalement, les parents, taxés pourtant de *démissionnaires*, n'ont jamais autant interpellé les professionnels de l'éducation.

Qui sont ces parents face à nous ? Comment mettre en place une "alliance éducative" dans laquelle chacun s'entraide et se sente respecté ?

■ 120 p. ■ 15*22 cm ■ 14,90 € ■ Livre + DVD

Agnès Noël

Avant-propos de Philippe Meirieu

Préface de Philippe Béague

A l'insu des savoirs...

Libérer l'école des slogans qui la tuent

Un manifeste de résistance aux rabotages, aux viols d'intimité d'une société ficelée dans un réseau confus de sollicitations et d'agressions de l'imaginaire. Ce livre refuse toutes ces simplifications qui voudraient nous refuser l'intelligence d'une tâche complexe, et obscurément vivante : faire grandir des jeunes d'hommes. Et vouloir reconstruire un espace de la conscience, de la présence corporelle paisible, de la sensibilité respectueuse, du courage d'être ce qu'on est et du désir de changer.

■ 188 p. ■ 15*22 cm ■ 18 € ■

Sous la direction de Philippe Béague

Association Françoise Dolto

Quels repères pour grandir ?

Enfants rois, tyrans, violents, hyperactifs ? Parents et éducateurs fragilisés, déboussolés, démissionnaires ? L'éducation est-elle en crise ?

Autour d'Albert Jacquard, les auteurs de ce livre tonique et rassurant partagent leur conviction personnelle ou le fruit de leur expérience. Psychanalyste, sociologue, pédagogue, thérapeute familial et philosophe proposent un regard croisé sur l'éducation.

■ 112 p. ■ 15*22 cm ■ 14,90 € ■

Jacques Liesenborghs

Ecole :
notre affaire à tous !

Pénuries récurrentes d'enseignants compétents et motivés. Violence de certains jeunes, ennui de la plupart des autres. Souvenir des grèves et des files à l'heure de l'inscription. Classements internationaux qui font douter de la qualité de nos écoles. Valse des ministres de l'éducation. Et les médias qui parlent trop rarement éducation...

Notre sommes tous inquiets pour l'avenir de nos enfants et de nos petits-enfants.

A travers quarante textes choisis parmi les centaines qu'il a écrits entre 1980 et 2008, Jacques Liesenborghs propose des balises pour construire des écoles "pour tous" et "pour demain".

■ 160 p. ■ 15*22 cm ■ 15 € ■

Questions et débats de société, pédagogie, formation, récits de vie...

www.couleurlivres.be

Table des matières

Vos avis, vos réactions, vos témoignages,

fdolto@skynet.be

Imprimé en Belgique